Psychotherapie im Alter

Forum für
Psychotherapie,
Psychiatrie,
Psychosomatik
und Beratung

Herausgegeben von
P. Bäurle, J. Kipp, M. Peters, H. Radebold, A. Trilling, H. Wormstall

I0130165

Psychosozial-Verlag

P☒V

Impressum

Psychotherapie im Alter
Forum für Psychiatrie, Psychotherapie,
Psychosomatik und Beratung

ISSN 1613-2637
1. Jahrgang, Nr.: 1, 2004, Heft 1

ViSdP: Die Herausgeber; bei namentlich
gekennzeichneten Beiträgen die Autoren. Namentlich gekennzeichnete Beiträge
stellen nicht in jedem Fall eine Meinungs-
äußerung der Herausgeber, der Redaktion
oder des Verlages dar.

Erscheinen: Vierteljährlich

Herausgeber: Dr. Peter Bäurle, Dr. Johan-
nes Kipp, Dr. Meinolf Peters, Prof. Dr.
Hartmut Radebold, Dipl. Päd. Angelika
Trilling, PD Dr. Henning Wormstall

Die Herausgeber freuen sich auf die Ein-
sendung Ihrer Fachbeiträge! Bitte wenden
Sie sich an die Schriftleitung:

Dr. Johannes Kipp, Esther Buck Ludwig
Noll Krankenhaus, Klinik für Psychiatrie
und Psychotherapie
Klinikum Kassel
Dennhäuser Str. 156
34134 Kassel
Tel. 0561/48 04-0 · Fax 0561/48 04-402
e-mail:psychalter@yahoo.de

Redaktion
Vera Kalusche

Umschlagentwurf und -gestaltung
Christof Röhl

Satz
Gabriele Hofmann

Verlag
Psychosozial-Verlag
e-mail: info@psychosozial-verlag.de
www.psychosozial-verlag.de

Bezug
Jahresabo 49,90 Euro · 83,30 SFr
(zzgl. Versand)
Einzelheft 14,90 Euro · 25,90 SFr (zzgl.
Versand)
Studierende erhalten gegen Nachweis
25% Rabatt.
Bestellungen von Abonnements bitte
an den Verlag, Einzelbestellungen beim
Verlag oder über den Buchhandel.
Das Abonnement verlängert sich um je-
weils ein Jahr, sofern nicht eine Abbe-
stellung bis zum 15. November erfolgt.

Rechte
Copyright bei den AutorInnen.
Nachdruck – auch auszugsweise – mit
Quellenangabe nur nach Rücksprache
mit den Herausgebern. Alle Rechte, auch
die der Übersetzung, vorbehalten.

Anfragen zu Anzeigen bitte an den Verlag: anzeigen@psychosozial-verlag.de

Folgende Firmen haben durch Druckkos-
tenzuschüsse das Erscheinen der neuen
Zeitschrift ermöglicht:
Astra Zeneca GmbH, Wedel
Janssen-Cilag GmbH, Neuss
Lilly Deutschland GmbH, Bad Homburg
Pfizer GmbH, Karlsruhe
Sanofi-Synthelabo, Berlin

Außerdem wird die Herausgabe der Zeitschrift dankenswerterweise durch die
Robert-Bosch-Stiftung gefördert.

PiA Heft 1 Erstgespräch

Anwendungsbezogene empirische Arbeiten

Institutionen stellen sich vor

Berichte und Besprechungen

Die Autoren und Autorinnen

Beirat

Abonnement

Editorial

Über die alten Leute muss ich immer wieder staunen. Wie haben sie es bloß geschafft, inmitten so vieler Gefahren ihren Weg zu gehen und heil und gesund im hohen Alter anzukommen? Wie haben sie es fertiggebracht, nicht unter ein Auto zu geraten, wie haben sie tödliche Krankheiten überwinden können, wie haben sie einen Dachziegel, einen Angriff, einen Eisenbahnzusammenstoß, einen Schiffbruch, einen Blitz, einen Sturz, einen Pistolenschuss vermeiden können? Wahrhaftig, diese Alten müssen unter dem Schutz des Teufels stehen! Manche wagen es immer noch, langsam die Straße zu überqueren, ja sind sie denn verrückt geworden? (Achille Campanile) *

Ja sind sie denn verrückt geworden, die Herausgeber? – So mögen sich Leser und Leserin fragen: In einer Zeit der Leseunlust, der gekürzten Bibliotheksetats und inflationärer Medienflut wagen sie sich mit **noch** einer Zeitschrift auf den Markt! Welcher Bedarf sollte an einem »Forum für Psychotherapie, Psychiatrie, Psychosomatik und Beratung älterer Menschen« bestehen? Hier einige Erläuterungen:

Die Lebenserwartung der heute 60-jährigen Männer liegt bei 19,3 Jahren, die der gleichaltrigen Frauen bei 24,4 Jahren. Die große Mehrheit der Bevölkerung kann angesichts dieses »sicheren Alters« (Arthur Imhof) mit einer Lebensphase rechnen, die vielfältige Chancen der Entwicklung, des Reifens und des Lernens bietet – Jahre und Jahrzehnte der »späten Freiheit« (Leopold Rosenmayr), die es zu gestalten gilt. Unsere alternden Gesellschaften sind folglich angewiesen auf wirksame Strategien, die möglichst lange eine aktive und kompetente Teilhabe ihrer Bürgerinnen und Bürger sichern.

Denn mit dem Alter steigt die Zahl der Erkrankungen und fordert unterschiedliche Berufsgruppen und Institutionen auf den Plan. Nicht immer sprechen alle Akteure dieselbe Sprache, nicht automatisch folgen sie identischen Behandlungszielen oder gleichen Finanzierungslogiken. Oft gälte es erst einen Konsens über das herzustellen, was jeweils als »gelungenes Altern« und damit Therapieziel zu bezeichnen ist, bevor zum Verordnungsblock gegriffen wird. Weniger auf die Ressourcen der Älteren wird der Blick gerichtet, denn auf ihre Defizite.

Die über 60-Jährigen stellen heute weniger als 2 % der Patienten in psychotherapeutischen Praxen, obwohl sie fast ein Drittel aller Erwachsenen stellen. Doch neue Generationen der älteren Menschen (und ihrer Angehörigen) beginnen, psychotherapeutische Hilfen nicht nur zu akzeptieren, sondern zu erwarten. Bereits 1998 hat die Bundesärztekammer in ihren Aussagen zur Gesundheit einen besseren Zugang älterer Menschen zu psychotherapeutischen Behandlungsmöglichkeiten gefordert. Unterstrichen wurde dies 2001 im dritten Altenbericht der Bundesregierung. Zur Umsetzung bedarf es des kollegialen Dialogs mit den Partnern im Gesundheitswesen, die an den Schaltstellen von Behandlung und Beratung, in Akutkliniken und bei Kostenträgern über die Verfügbarkeit von Psychotherapie mitentscheiden. Wir brauchen aber auch den breiten Austausch innerhalb der psychotherapeutischen und psychiatrischen Professionen, um unser Wissen und unsere Fertigkeiten bei der Begleitung älterer Menschen weiterzuentwickeln.

Statt die Strategien von Vorbeugung und Rehabilitation mit dem Ziel einer kostenersparenden Gesundheitspflege zu stärken, reagiert unser Gesundheitssystem derzeit mit Kürzungen auf die demographischen Veränderungen. Das Gespenst des therapeutischen Nihilismus scheint aus der Versenkung auferstanden.

Dem möchte die Zeitschrift PiA entgegentreten. Angesiedelt am Schnittpunkt von Praxis und Wissenschaft, von Behandlung, Beratung und Pflege, bietet sie ein Forum für die Erkenntnisse und Erfahrungen unterschiedlicher Arbeitsfelder und Schulen. Unser Anliegen ist es mitzuwirken an der Herausbildung eines differenzierten und gleichwohl profilierten Verständnisses der Psychiatrie, Psychotherapie, Psychosomatik und Beratung des Alters.

Die Zeitschrift PiA erscheint vierteljährlich als Themenheft. Passend zum Erscheinungsbeginn befassen wir uns in dieser ersten Ausgabe mit der Gestaltung des Erstkontakts in unterschiedlichen Settings und aus der Sicht verschiedener Disziplinen.

Im Erstkontakt werden die Weichen für eine vertrauensvolle Zusammenarbeit gestellt und die Hoffnungen in die Wirksamkeit von Psychotherapie und Beratung begründet. So hoffnungsvoll wollen auch wir beginnen.

Als weitere Themenhefte werden erscheinen:
- Angst
- Traumatisierungen
- Erinnern
- Wiederholung, Ritual und Zwang
- Gefühle
- Körper
- Partnerschaft

Auf einen Übersichtsartikel folgen jeweils fallorientierte Darstellungen zum Schwerpunktthema, wobei auch anderen Themen Raum gegeben wird. Anwendungsbezogene empirische Arbeiten dienen der Vermittlung zwischen Wissenschaft und Praxis. Literaturreferate, Buchbesprechungen und Mitteilungen von Fachverbänden liefern aktuelle Information. Mit einer Rubrik »Leserbriefe« laden wir zur Diskussion ein.

PIA will also mithelfen, dass möglichst viele Menschen heil und psychisch stabil im hohen Alter ankommen. Statt des eingangs beschworenen Schutzes des Teufels wird dabei auch die Unterstützung eines engagierten und versierten Therapeuten gefragt sein.

Die Herausgeber

* zitiert aus Norberto Bobbio (1999): Vom Alter. De senectute 43f. München (Piper).

»Meine Geschichte ist immer dabei!« – Die historische Perspektive im Erstgespräch

Hartmut Radebold

Zusammenfassung:

Die europäische Geschichte brachte leider für das 20. Jahrhundert viele Möglichkeiten von Brüchen beziehungsweise Beschädigungen individueller Biographien mit sich. Daher muss die Sicht des psycho-bio-sozialen Querschnitts auf die über 60-jährigen nicht nur um eine allgemeine biographische, sondern ebenso um eine spezifisch historische Sicht des Längsschnitts erweitert werden. Erst die Integration des Einflusses historischer Ereignisse auf die jeweilige individuelle Entwicklung – sowohl im Erstgespräch, als auch in einer Behandlung – ermöglicht den weiteren Zugang zur Entstehung vieler psychischer Störungen im Alter. Diese können bekanntlich lebenslang bestehen, intermittierend bei entsprechenden Anlässen auftreten, oder sich erneut durch die Situation des Alterns oder Altseins reaktiviert manifestieren. Die Nutzung dieser gewonnenen Informationen setzt allerdings ausreichend allgemeine historische und alltagsgeschichtliche Kenntnisse sowie die der eigenen Familiengeschichte voraus.

Schlüsselwörter: Alternspsychotherapie, historische Perspektive, Erstgespräch

Abstract: »My past is always present!« The Historical Perspective in the Initial Interview

One regrettable feature of 20th century European history was the abundance of factors causing individual biographies to collapse or fail. The perspective placed on persons over the age of 60 by the psychobiosocial cross section has therefore to be expanded not only by a general biographic but also by a specifically historical view of the longitudinal section. It is only by integrating the influence of historical events on the respective individual development – both in the initial interview and during therapy – that further access can be gained to the etiology of many psychogeriatric disorders. These are known to occur lifelong, to be intermittently induced, or to be reactivated in the ageing process or in old age. However, the information gained cannot be utilized without adequate knowledge of the general and the specific historical background and of the patient's family history.

Keywords: psychotherapies with elderly patients, historical perspective, initial interview

Im Erstgespräch mit Älteren begegnet man heute Menschen, die – *historisch gesehen* – zu spezifischen Altersgruppen gehören. Je nach chronologischem Alter fanden ihre Kindheit, ihre Jugendzeit und ihr jüngeres Erwachsenenalter in unterschiedlichen Abschnitten der ersten Hälfte des Zwanzigsten Jahrhunderts statt, das heißt, sie wurden geprägt durch die damaligen Erziehungs- und Bildungsnormen, Sexualvorstellungen, die religiösen Ansichten sowie die politischen und weltanschaulichen Ausrichtungen. Man erinnere sich zum Beispiel nur an die damals noch so extrem unterschiedlichen gesellschaftlichen Leitbilder sowie Ausbildungs- und Berufsmöglichkeiten für Männer und Frauen. Dazu traten – wenn auch in Deutschland und Österreich sehr viel ausgeprägter und einschneidender als in der Schweiz – die Einflüsse und Folgen des I. Weltkrieges, der Weimarer Republik, des Nationalsozialismus sowie des II. Weltkrieges.

Die Einführung der *historischen Perspektive* ermöglicht einen qualitativ erweiterten Zugang zur Biografie, Lebenssituation und möglicherweise auch zur Entstehung vorhandener psychischer Störungen. Auch lassen sich bestimmte Verhaltensweisen und Interaktionsschwierigkeiten generationsspezifisch – also historisch geprägt – besser verstehen:

In der Wahrnehmung der heute 30- bis 40-jährigen erscheinen diese Zeitabschnitte der ersten Hälfte des vorigen Jahrhunderts als längst verflossene Epoche und damit ohne wirkliche Bedeutung für das Verständnis der Vergangenheit. Erinnern wir uns jedoch: Zur Zeit leben noch eine halbe Million über 90-jährige (Menschen, die vor 1914 geboren wurden) und weitere drei Millionen über 80-jährige (Menschen, die vor 1924 geboren wurden). Allein die Empfehlung psychotherapeutischer Behandlung mag bei Angehörigen der Generation über 70 Jahre große Abwehr hervorrufen. Sie verbinden mit dem Begriff *Psych*, das heißt *Psych*iatrie, *Psych*ologie, *Psych*otherapie, *Psych*oanalyse und *Psych*osomatik, eine im günstigsten Fall zumindest unbekannte, häufiger aber beunruhigende bis sogar bedrohliche Situation. Diese Altersgruppen assoziieren dazu häufig noch *geschlossene Abteilung, Gummizelle, Eingesperrtwerden für lange Zeit, möglicherweise lebenslang, Zwangsjack* und zumindest die *Ruhigstellung durch Medikamente.* Dagegen wissen schon viele der derzeit 55- bis 65-jährigen aufgrund eigener Erfahrungen mit Beratung/Psychotherapie, Aufenthalten in psychosomatischen Rehabilitations- und Kurkliniken oder durch die eigenen Kinder oder Bekannte und Freunde in deutlich größerem Umfang, was beispielsweise Beratung oder Psychotherapie bedeuten und in welcher Weise sie wirksam werden und helfen können. Viele Ängste, Vorbehalte und ablehnende Einstellungen gegenüber einem vorgeschlagenen Kontakt mit dem *Psych*-Bereich werden so verständlich und möglicherweise ansprechbar.

Man erinnere sich wiederum, dass die heute für so selbstverständlich genommene psychiatrische beziehungsweise psychotherapeutische Versorgung zum Beispiel in Deutschland erst auf einer knapp 30-jährigen Wirkungsgeschichte gründet. Die dafür verantwortliche Psychiatrie-Enquete wurde erst 1974 fertiggestellt und die Kassenregelung zur psychotherapeutischen Versorgung 1968 eingeführt.

Eine weitere mögliche Schwierigkeit stellen die Leit- und Idealbilder dieser Generationen dar, insbesondere bezüglich des Umganges mit dem eigenen Körper, das heißt mit der eigenen Gesundheit und darüber hinaus mit psychischen Problemen und Konflikten. Insbesondere die Männer lernten, ihre Gefühle zu verdrängen, zu verleugnen und zumindest nicht für wichtig zu erachten und sie sogar im Gegenteil zu verschweigen, Probleme runterzuschlucken oder die Zähne zusammenzubeißen. Diese psychischen Strategien half ihnen wahrscheinlich, mit vielen schwierigen und bedrückenden Lebenssituationen in Kindheit, Jugendzeit und Erwachsenenalter zurecht zu kommen, teilweise auch zu überleben. Diese psychischen Strategien erweisen sich aber während des Alterns möglicherweise als problematisch, wenn nicht sogar gefährlich. Gerade, wenn Männer beim Älterwerden erleben, dass sie an psychischen Symptomen leiden oder mit aktuellen Schwierigkeiten beziehungsweise Konflikten nicht mehr zurecht kommen, fühlen sie sich tief beschämt oder schwer (narzisstisch) gekränkt. Teilweise verweigern sie dann die notwendige Behandlung, teilweise reagieren sie mit intensivem inneren Rückzug bis hin zum Selbstmord.

Die Einführung dieser *historischen Perspektive* für das Verständnis der Entstehung bestimmter psychischer Störungen überhaupt und hier speziell bei den heute über 55- bis 60-jährigen interessierte bisher die diesbezüglichen wissenschaftlichen Teildisziplinen kaum (Radebold 2003). So finden sich derzeit in den aktuellen Standardwerken (z. B. für die Psychosomatik Uexküll 2003) und insbesondere in denen aus dem Altersbereich (z. B. Lehr 2000, Förstl 2003) keine Hinweise auf spezifische Zusammenhänge, geschweige denn entsprechende Überlegungen dazu. Selbst für das Symptom *Angst* wurden zum Beispiel weder in der bekannten Berliner Altersstudie (Mayer, Baltes 1996) mögliche Zusammenhänge mit historischen Ereignissen diskutiert, noch bei einem diesbezüglichen Fachkongress (siehe Beiträge in Kretschmar et al 2000). Auch die Psychoanalyse verlangte erst kürzlich erneut *die Wiedereinführung der Geschichte in die Psychoanalyse* (Kennedy 2003) – allerdings insgesamt und nicht etwa speziell für die Älteren!

Aufgrund der in den letzten Jahren durchgeführten Auswertungen von lange vorliegenden Befunden (Übersicht s. Radebold 2003) wird deutlich, dass Kindheit und Jugendzeit sowie der weitere Lebensweg der heute über 55- bis 60-jährigen *extrem unterschiedlich* verlief: Das Spektrum reicht von einer ungestörten Kindheit in einer guten Versorgungssituation mit Erleben des Kriegsendes beziehungsweise der Nachkriegszeit *als Abenteuer,* bis hin zum intensiven Erleben und Durchleiden des Krieges und der Nachkriegszeit. Insbesondere die Vertreibung oder Flucht mit dem Verlust der Sicherheit vermittelnden Umwelt/Heimat, langfristige Bombenangriffe, Ausbombungen, Erleben von Gewalt, Verlust beziehungsweise langanhaltende Abwesenheit der Partner, und insbesondere der Väter, aber auch teilweise der Mütter und/oder Geschwister; langanhaltender Hunger und Verarmung sowie das Aufwachsen als Flüchtlinge/Vertriebene in einer nach Kultur, Sprache und Religion fremden und sich in der Regel eher ablehnend verhaltenden Umwelt können zum Durchleiden dieser Lebensphase führen. So kann teilweise bei diesen so beschädigten *Kriegs*kindern – rückwirkend gesehen – von einer kumulativen Traumatisierung gesprochen werden.

Um zu verstehen, welche dauerhaften Auswirkungen diese beschädigenden bis traumatisierenden Einflüsse hatten, muss zusätzlich nach protektiven beziehungsweise ausgleichenden Faktoren gesucht werden, wie Möglichkeiten neuer Partnerschaften, vorhandene andere Bezugspersonen (z. B. bei fehlenden/abwesenden Vätern männliche Personen, wie Großväter, ältere Brüder oder andere Männer), fortbestehende sichere soziale Strukturen oder anderweitige Förderungen.

Oft gelang es allerdings nur mit Hilfe langfristiger Abwehrprozesse die bedrückenden Ereignisse und die damit verbundenen Gefühle zu mindern oder

sogar dem Bewusstsein fernzuhalten. Dazu zählen insbesondere die Verleug-
nung, Bagatellisierung oder Relativierung durch Hinweise auf diese doch kollek-
tiv erlebten Erfahrungen, aber auch Verklärungen ins Gegenteil (Hervorheben
der erlebten Abenteuer anstelle der durchlittenen Schrecken) oder Verdrängun-
gen. Damit verbunden ist ein ständiges Umschreiben der eigenen Biographie, um
sie immer wieder erträglicher und innerlich akzeptabler zu machen. Aufgrund
dieser lebenslangen Abwehrvorgänge wird daher bewusst den damaligen Ereignissen eine nur geringe Bedeutung insgesamt und damit auch im Erstgespräch
zugemessen. Diese Ereignisse werden demzufolge kaum erwähnt. Erst eine
genaue und umfassende Rekonstruktion der Biographie zeigt dann das Ausmaß
entsprechender Einflüsse auf – falls sie nicht schon aufgrund der Alterssituation
wiederbelebt intensiv beunruhigen und erschrecken.

Wenn dieser historischen Perspektive entscheidende Bedeutung zukommt,
stellt sich insbesondere für die chronologisch deutlich jüngeren BehandlerIn-
nen die Aufgabe, sich der eigenen historischen Kenntnisse über die erste Hälfte des vergangenen Jahrhunderts bewusst zu werden. In der Regel sind höch-
stens folgende – leider an sich schon ungenügende – Kenntnisse vorhanden:
– Das während der Schulzeit vermittelte geschichtliche Wissen bezieht sich
auf übergeordnete nationale und berichteter Daten, Namen und Ereignisse
nicht erfolgen. Der Geschichtsunterricht vermittelte darüber hinaus keines-
falls die hier interessierenden Normen, Einstellungen, Ideale und schon gar
nicht die Alltagsgeschichte internationale Ereignisse und ihre Auswirkungen.
Häufig wurde dazu die hier geschichtlich interessierende erste Hälfte des 20.
Jahrhunderts nur unvollständig oder gar nicht behandelt. Daher können
häufig Zuordnungen aufgrund von im Gespräch und das Erleben dieser
Altersgruppen, wie es beispielsweise für die nach 1945 Geborenen das Deutsche Historische Museum in Bonn anschaulich vermittelt.
– Die über die eigene Familiengeschichte (Erzählungen der Beteiligten, Brie-
fe, Autobiographien, Überlieferungen etc.) vermittelte allgemeine Geschichte erweist sich als problematisch. Familiengeschichte ist immer eine höchst
individuelle Geschichte, das heißt, individuell erlebte Ereignisse einer
bestimmten sozialen Gruppe oder Schicht wurden so unterschiedlich wahrgenommen und ebenfalls durch die Beteiligten unbewusst ständig angepasst,
umgeschrieben und damit für das eigene Selbstbewusstsein erträglich
gemacht. Dazu wurden – wie hinreichend bekannt – gerade hier interessierende Aspekte der Familiengeschichte oft nie erwähnt, nie hinterfragt oder
sogar geleugnet bis allgemein verdrängt.

Wie können die jüngeren Professionellen einen geschichtlichen Zugang zu diesen Altersgruppen bekommen?
- Bei fehlenden beziehungsweise bei ungenügenden oder sehr verkürzten Kenntnissen über die erste Hälfte des 20. Jahrhunderts muss selbst Wissen über Personen, Ereignisse (z. B. Kriegsereignisse und -verlauf, Vertreibungen etc.) erworben werden, um damit die in der Regel spärlichen Hinweise Älterer im Sinne von Chiffren überhaupt zu verstehen.
- Allerdings reicht dieses Faktenwissen nicht aus! Es sind Kenntnisse über das damalige Leben notwendig, also von der Lebensmittelkarte mit den Punkten/dem Care-Paket bis hin zu Filmen, Romanen und Schlagern. Wer interessiert und gezielt nachfragt und dabei die üblichen Geschichten abbremst, der erfährt dann oft doch die jeweils individuelle Vergangenheit im geschichtlichen Zusammenhang.

Zusätzlich erweist sich als wichtig und hilfreich die eigene Familiengeschichte kennen zu lernen. Häufig kann man erst dadurch das eigene Verstehen erkennen, welche Auswirkungen diese Ereignisse aus der ersten Hälfte des 20. Jahrhunderts hatten oder eben nicht hatten. Anhand der eigenen Familien-Geschichte können diese lebendig, fassbar und in ihren Folgen nachvollziehbar werden. Die Grundlage des Verstehens der Geschichte und der Geschichtlichkeit der Anderen ist die Auseinandersetzung mit der eigenen Einbettung in die Zeitgeschichte.

Die Frage nach Geburtsdatum und Geburtsort klärt die Zugehörigkeit zu einer bestimmten Alterskohorte. Sie erlaubt die individuelle Vergangenheit im Rahmen der historischen Geschichte zu verstehen.

Literatur

Adler RH et al. (Hg.) (2003): Uexküll Psychosomatische Medizin. 6.Aufl., München (Urban & Fischer).

Förstl H (Hg.) (2003): Lehrbuch der Gerontopsychiatrie und -psychotherapie. 2.Aufl., Stuttgart (Enke).

Kennedy R (2003): Die Wiedereinführung der Geschichte in die Psychoanalyse. Psyche 57:874–887

Kretschmar C et al. (Hg.) (2000): Angst – Sucht – Anpassungsstörungen im Alter. Düsseldorf (Schriftenreihe der Deutschen Ges. f. Gerontopsychiatrie und -psychotherapie).

Lehr U (2000): Psychologie des Alterns. 9.Aufl., Wiesbaden (Quelle & Meyer).

Mayer K, Baltes P (Hg.) (1996): Die Berliner Altersstudie. Berlin (Akadamie Verl.).

Radebold H (Hg.) (2003): Kindheit im II. Weltkrieg und ihre Folgen. Psychosozial 92:1–101.

Die Struktur eines Erstgesprächs mit Älteren

Zusammenfassung:

Das Erstgespräch mit älteren Menschen wird zur Abklärung von Problemlagen beziehungsweise zur Diagnostik durchgeführt und ist Grundlage für eine weitere Beratung oder Psychotherapie. Die Gesprächsführung hängt von der therapeutischen Methode und von den jeweiligen institutionellen Aufgaben ab. Sie ist auch von wesentlicher Bedeutung für den Aufbau einer positiven therapeutischen Beziehung, die durch die Alterskonstellation vom älteren Patienten zu (meist) jüngeren Therapeuten mit komplexen spezifischen Beziehungskonflikten einhergeht. In einer Literaturübersicht wird deutlich, dass das Wissen um diese Thematik noch sehr lückenhaft ist. Anhand von Stichworten wird auf die besonderen Problemlagen von Älteren (Multimorbidität, Erinnerungsfähigkeit, Entwicklungsaufgaben, kohortenspezifische Lebens- und Verlusterfahrungen etc.) eingegangen.

Stichworte: Erstgespräch, Gerontopsychotherapie

Abstract: The Structure of an Initial Interview with Elderly Subjects

The initial interview with elderly persons serves to clarify problem settings or to make a diagnosis and forms the basis for further counseling or psychotherapy. The course of the interview depends on the therapeutic method and on the respective institutional functions. It is also of major significance for the development of a positive therapeutic relationship, one subject to complex specific relationship conflicts resulting from the age constellation of elderly patient and (generally) younger therapist. A review of the literature reveals that knowledge of this subject matter is still very sparse. The special problems confronting elderly persons (multimorbidity, loss of memory, deve-

Psychotherapie im Alter Nr.1 1.Jg. (2004) Heft I   15

lopment tasks, cohort-specific experiences of life and of loss etc.) are cove-
red with reference to key words.

Keywords: Diagnostic interview, psychotherapy, old age

Einleitung

Der Erstkontakt oder das Erstgespräch haben eine hohe Bedeutung für den
weiteren Verlauf einer Beratung oder Therapie, unabhängig davon, in welcher
Institution, durch welche Berufsgruppe und mit welcher therapeutischen
Methode es durchgeführt wird. Je nachdem wie es verläuft, können neue Spiel-
räume geschaffen und neue Weichen für den Beginn einer erfolgreichen Beratung oder Therapie gestellt werden. Schon die Situation bei der Vereinbarung
eines Erstgespräches ist für die Entwicklung einer guten therapeutischen Beziehung wichtig. Im Erstgespräch geht es dann um ein gegenseitiges Kennenlernen: Der Therapeut wird sein Augenmerk auf die Probleme und Wünsche richten, die der Patient ihm schildert und darauf, in welcher sozialen Situation sich
der hilfesuchende Mensch befindet. Jedoch wird auch der Patient oder Klient
prüfen, ob er zu seinem Gesprächspartner ein Vertrauensverhältnis entwickeln
kann mit der Hoffnung, kompetent beraten oder behandelt zu werden (Moser
1986). Alle professionellen Anfangskontakte haben diese Funktion des Sich-
gegenseitig-Kennenlernens und Überprüfens. Beim Erstgespräch mit älteren
Patienten/Klienten sind die altersspezifischen Gegebenheiten zu beachten, um
ein umfassendes Verständnis ihrer Situation, ihrer Wünsche und Probleme
entwickeln zu können. Das wiederum ist eine notwendige Voraussetzung für
den erfolgreichen Beginn einer Beratung oder Therapie.

Die Beziehungskonstellation im Erstgespräch mit Älteren

Bei der Beratung und Behandlung älterer Menschen ist der Therapeut meist
jünger als der Patient. Während sich in der Beziehung von jüngerem Patienten zu älteren Therapeuten oft eine hilfreiche Eltern-Kind-Beziehung wiederholt, kommt eine solche bei der Beratung und Behandlung älterer Menschen
durch jüngere Therapeuten nicht so leicht zustande. Nur wenn der jüngere
Helfer als Autorität erlebt wird, stellt sich trotz der umgekehrten Altersrela-

tion diese hilfreich erfahrene Eltern-Kind-Beziehung ein. Werden beispielsweise Beschwerden vom jüngeren Arzt sicher diagnostiziert und erfolgreich behandelt, begeben sich auch ältere Patienten vertrauensvoll in seine Hände. Im Sinne der psychoanalytischen Theorie kommt also unabhängig von der Altersrelation eine Elternübertragung zustande.

Natürlich erleben ältere Menschen jüngere Helfer aber auch ähnlich wie ihre Kinder oder gar wie ihre Enkel. Ihre Erfahrungen mit den jüngeren Generationen prägen auch die Einstellung zum jüngeren Therapeuten. Wenn beispielsweise die erwartete Hilfe ausbleibt oder Missverständnisse und Kränkungen auftreten, wird der jüngere Helfer oft nicht mehr als helfende Autorität, sondern als unfähiges Kind behandelt, das auch noch Vorschriften machen will, was für Therapeuten schwer zu ertragen ist. Da positive Beziehungs- und Übertragungsangebote mit einem positiven Therapieergebnis korrelieren, werden ältere Patienten mit einer solchen Einstellung schneller als nicht therapiegeeignet abgelehnt (Radebold 1992). Bei behandelbaren Störungen ist es deshalb notwendig, solche negativen emotionalen Reaktionen anzusprechen und durchzuarbeiten, um doch noch eine erfolgreiche Psychotherapie durchführen zu können.

Die Beziehung von jüngeren Professionellen zu älteren Patienten oder Klienten werden natürlich auch durch die bewussten und unbewussten Wünsche der Helfer gestaltet. In der Beziehung zu Älteren können sich Erfahrungen wiederholen, die mit den eigenen Eltern und wichtigen Bezugspersonen in der Kindheit und Jugend gemacht wurden. Heuft (1990) hat diese Form der Übertragung des Professionellen auf den älteren Patienten als Eigenübertragung beschrieben. Sie wird in der Psychoanalyse von der Gegenübertragung (Moeller 1977) abgegrenzt, die als spezifische Reaktion auf die bewussten und unbewussten Beziehungsangebote des Patienten verstanden wird. Die Betreuung älterer Menschen kann sich für jüngere Helfer zur extremen Belastung entwickeln, wenn durch sie eine schwierige Elternbeziehung wiederbelebt wird, eine Beziehung, der man vielleicht gerade durch eine Ausbildung und eine gute Professionalisierung entflohen ist. Da die Wahl eines helfenden Berufes mit der Abwehr von Ohnmacht in früheren Beziehungserfahrungen einhergehen kann, ist dieser Gesichtspunkt nicht zu unterschätzen (Schmidbauer 1977). Vielleicht ist darin ein wesentlicher Grund zu suchen, dass nur bei einer geringen Zahl älterer Menschen eine Psychotherapie zustande kommt (Radebold 1992), die zudem meist noch weniger intensiv durchgeführt wird. Die beschriebenen Beziehungsschwierigkeiten treten nicht nur in der Psychotherapie, sondern auch bei der Betreuung und Pflege älterer Menschen auf.

Die beschriebene Problematik wird durch einen weiteren Faktor verstärkt. Beziehungsangebote älterer gegenüber jüngeren Menschen sind tendenziell narzisstischer als in anderen Altersrelationen (Kipp 1992, Kipp u. Jüngling 2000). Was ist darunter zu verstehen? Freud (1914) ging davon aus, dass es für eine gesunde Entwicklung wichtig ist, das eigene Ich libidinös ebenso zu besetzen (narzisstische Libido) wie das Liebesobjekt (Objektlibido). Durch die Einschränkungen der körperlichen Kräfte und durch andere alternsbedingte Verluste (Beziehungen, beruflicher Status), auf die man stolz war, verändert sich häufig dieses Gleichgewicht im Alter. Narzisstische Krisen (Teising 1992) treten auf, die zum Teil über die Entwertung anderer (»Die Jugend von heute ist ...«) abgewehrt werden. Außerdem führt der unwiederbringliche Verlust von Liebesobjekten im Alter zum Rückzug der Objektlibido auf das eigene Ich. Einen solchen Rückzug hat Freud (1923) als Grundlage des sekundären Narzissmus beschrieben. Die erst im Alter nach Verlusten auftretende Libidoverschiebung haben wir (Kipp 1992, Kipp u. Jüngling 2000) in Anlehnung daran als »tertiären Narzissmus« benannt, um damit die spezifische Beziehungsproblematik älterer Menschen zu benennen. Die Verschiebung des libidinösen Gleichgewichtes zum narzisstischen Pol kann sich positiv idealisierend auswirken, wie beispielsweise in einer positiven Enkelbeziehung, in der die Zukunft des ›eigenen Fleisches und Blutes‹ erlebt wird. Sie kann sich aber auch in der Entwertung Jüngerer zeigen; Kritik und Entwertung werden zum Beispiel von älteren depressiven Patienten häufig geäußert. Im Erstgespräch ist es deshalb besonders wichtig, von vornherein die Möglichkeit der Enttäuschung anzusprechen. Die beschriebene Altersrelation bringt also Schwierigkeiten im Erstgespräch mit sich, auf die man sich einstellen sollte.

Ältere Hilfesuchende haben oft auch ganz umschriebene Erwartungen an Therapeuten. Deshalb sind am Anfang des Gespräches Informationen über das therapeutische Vorgehen sinnvoll. Werden solche Erwartungen nämlich enttäuscht, ohne dass von Anfang an darüber gesprochen wird, kann schon im Erstgespräch der Kontaktabbruch drohen. Hält sich beispielsweise ein psychoanalytisch arbeitender Therapeut nicht an die erwartete Verhaltensweise eines explorierenden Arztes, der alles erfragt, sondern führt ein minimal strukturiertes Erstinterview durch (Argelander 1970), das mit vielen Schweigepausen einhergeht, so kann diese nicht erwartete Gesprächsführung abweisend empfunden, aber auch als Möglichkeit zur Selbstkonfrontation erlebt werden, die es ermöglicht, neu über alte Probleme nachzudenken.

Aufgaben und Methoden des Erstgesprächs

Das Erstgespräch dient auch der Klärung von Rollen und Aufgaben. Diese sind stark von institutionellen Vorgaben abhängig. Wenn der Erstkontakt der Aufnahme in die Klinik dient, wird er sich anders gestalten als in einem Beratungsgespräch in einer Altenberatungsstelle. In vielen Institutionen werden an das Erstgespräch Anforderungen gestellt, die in der vorhandenen Zeit nicht zu realisieren sind. Bei der Aufnahme einer Patientin in eine Klinik für Psychiatrie und Psychotherapie (vgl. Buck u. Kipp in diesem Heft) haben Ärzte beispielsweise die Aufgabe, eine vollständige Anamnese und einen psychopathologischen Befund zu erheben, körperliche und neurologische Untersuchungen durchzuführen, Aufnahmediagnosen zu stellen, die weitere Diagnostik festzulegen und die Therapie einzuleiten. Bei einer solchen Überfrachtung des Erstkontaktes mit unterschiedlichen Aufgaben wundert es nicht, dass dabei ein persönliches In-Beziehung-Setzen schwierig ist. Die scheinbare Effektivität dieser Vorgehensweise behindert oft die Entwicklung einer sinnvollen Beziehungsbasis für die psychotherapeutische Arbeit.

Unabhängig von den psychotherapeutischen Methoden ist es gerade beim älteren Menschen von großer Wichtigkeit, genügend Zeit für die Entfaltung der Beziehung im Erstgespräch einzuplanen, da bei älteren Menschen kognitive und emotionale Abläufe langsamer werden (Peters 2002). Hinzu kommt, dass sowohl der ältere Patient als auch der Therapeut sich oft schwerer auf die Situation einstellen können.

Im Folgenden werden allgemeine Methoden des Erstgesprächs, die je nach institutioneller Zielsetzung zu modifizieren sind, charakterisiert. Im Anschluss daran werden die altersabhängigen methodischen Probleme beschrieben.

Psychosomatische Anamnese

In der psychosomatischen Medizin (Adler 1996, Engel 1969) ist folgende ganzheitliche Methode der Anamneseerhebung besonders gut ausgearbeitet worden. Nach Engel (1969), modifiziert nach Hoffmann u. Hochapfel (1995, S. 319 f.), umfasst diese Anamnese folgende Schritte:

Erster Schritt: Der Arzt begrüßt den Patienten, stellt sich vor und erklärt ihm seine Rolle als Arzt. Diese Forderung erscheint banal, ist es angesichts der medizinischen Praxis aber leider nicht.

Zweiter Schritt: Er erkundigt sich, wie sich der Patient jetzt fühlt. Bevor er weiter fortfährt, bemüht er sich, es dem Patienten so bequem wie möglich zu machen.

Dritter Schritt: Er fordert den Patienten auf, alle Beschwerden zu beschreiben, die ihn hergeführt haben (jetzige Leiden).

Vierter Schritt: Er geht im einzelnen den Symptomen der jetzigen Leiden nach und berücksichtigt dabei besonders, in welcher Reihenfolge die einzelnen Symptome aufgetreten sind; er achtet auf ihre Merkmale und ihre Wechselbeziehungen (jetziges Leiden). Zugleich verfolgt er genau die spontanen Äußerungen des Patienten über die begleitenden Lebensumstände, über frühere Krankheiten, über den Gesundheitszustand seiner Familie und über seine zwischenmenschlichen Beziehungen.

Fünfter Schritt: Er versucht frühere Leiden des Patienten genau zu verstehen und knüpft dabei an bereits Erwähntes an (persönliche Anamnese).

Sechster Schritt: Er erkundigt sich genau nach den einzelnen Familienmitgliedern, zuerst nach den schon erwähnten. Er fragt nach ihrer Gesundheit sowie nach ihrer Beziehung zum Patienten (Familienanamnese, Entwicklungs- und Sozialanamnese).

Siebter Schritt: Er erforscht die jetzigen Lebensumstände und die frühere Entwicklung des Patienten. Dabei bezieht er sich wiederum auf Angaben, die der Patient bereits geäußert hat.

Achter Schritt: Er fragt systematisch nach Beschwerden in jeder Körperregion (Systemübersicht).

Neunter Schritt: Er erkundigt sich, ob der Patient noch etwas beifügen oder fragen möchte, vergewissert sich bei einzelnen wichtigen Angaben, dass er sie genau begriffen hat und setzt den Patienten über die geplanten Untersuchungen ins Bild.

Über diese neun inhaltlichen Schritte hinaus sollte der Therapeut folgendes beachten, nämlich

– die averbale Kommunikation zu erfassen. Hinweise darauf können Körperhaltung und Gesichtsausdruck sein.

- die eigenen Gedanken und Gefühle, die während der Anamneseerhebung auftreten, sich bewusst zu machen und stichwortartig zusammenzufassen.
- ausschließlich offene Fragen zu stellen, die nicht, wie geschlossene Fragen, mit Ja oder Nein beantwortet werden können. Geschlossene Fragen können dazu führen, dass in der Anamnese oft nur Informationen zu erhalten sind, die den in den Patienten hineingefragten Vorstellungen entsprechen (Hoffmann u. Hochapfel 1995).
- eine Beziehung im Sinne eines Therapie- oder Arbeitsbündnisses zu erreichen.

Ziel dieser Vorgehensweise ist es zu klären, in welchen biographischen Situationen welche Störungen und Symptome aufgetreten sind. Wichtig ist aber auch, ob immer wieder ähnliche Beziehungskonstellationen und Verhaltensmuster auftreten (repetitive Muster).

Zeitökonomische Überlegungen zugunsten einer traditionellen Vorgehensweise der Anamneseerhebung, bei der Daten abgefragt werden (Adler 1996), bieten keine Vorteile, wenn die ganzheitliche Methodik der Anamneseerhebung regelmäßig praktiziert wird und quasi in »Fleisch und Blut« des Arztes übergegangen ist.

Psychiatrische Anamnese

Eine ähnliche Form der Anamneseerhebung wie in der psychosomatischen Medizin kann in der Psychiatrie genutzt werden. Auch hier soll die Gesprächsführung anfangs weitestmöglich dem Patienten überlassen werden, da im spontanen Gesprächsverlauf die Kommunikationsschwierigkeiten, die bewusste (Dissimulation) und unbewusste Abwehr und die Fähigkeit der Beziehungsaufnahme deutlich werden. Während zu Beginn des Erstgesprächs die Strukturierung also eher beim Patienten liegen soll, sind an dessen Ende durchaus Nachfragen zur Abklärung spezifischer Probleme an der Reihe. Feststellungen, dass bestimmte Sachverhalte ungeklärt seien, können Patienten dazu anregen, Klarheit zu schaffen oder auch den Wunsch deutlich machen, etwas zu verschweigen.

Das Mitschreiben von Stichworten und Zeitangaben ist sinnvoll. Ein gleichzeitiges ausführliches Protokollieren würde jedoch zu viel Aufmerksamkeit vom Patienten abziehen. Deshalb hat es sich bewährt, die Anamnese nachträglich im Rahmen eines Protokollschemas (vgl. Buck u. Kipp in diesem Heft) zu ordnen und sofort nach dem Gespräch zu diktieren. In einem Anfangsgespräch können nicht alle Informationen gesammelt werden. Nachanamnesen, die das Interesse am individuellen Lebens- und Krankheitsverlauf zeigen, ermöglichen vielmehr die Weiterentwicklung einer positiven Anfangsbeziehung.

Die Erhebung des psychopathologischen Befundes ist bei der Aufnahme in eine psychiatrische Klinik ebenfalls notwendig. Die meisten Anleitungen (z. B. Möller 1997) zur Erhebung des psychopathologischen Befundes gehen davon aus, dass der Untersucher Fragen (z.b. nach der Orientierung) und Aufgaben (z. B. Deuten eines Sprichwortes) stellt. An der Art wie der Patient diese bewältigt beziehungsweise daran scheitert, werden gestörte psychische Reaktionen deutlich, die so identifiziert werden können. In der Regel kann auf eine solche zusätzliche Erhebung des psychopathologischen Befundes verzichtet werden, da in einer ausführlichen biographischen Anamnese Störungen zum Beispiel von Gedächtnis, Antrieb, Denken und Fühlen deutlich werden. Der Gesprächsverlauf muss dazu hinsichtlich der psychopathologischen Systematik, wie Denkstörungen oder Gedächtnisstörungen, reflektiert und entsprechend protokolliert werden (vgl. Buck u. Kipp in diesem Heft). Diese Vorgehensweise spart Zeit; außerdem werden dadurch kränkende Fragen nach oft bestehenden Defiziten vermieden.

In Notfallsituationen ist leider ein solches psychotherapeutisches Vorgehen schwer realisierbar, jedoch ist es auch hierbei sinnvoll, die Beziehungskonstellation zu reflektieren und die Ergebnisse der Reflexion und Selbstreflexion in die Diagnostik einzubringen. Unter Einbeziehung der erhobenen körperlichen und neurologischen Befunde ist es dann notwendig, Anfangsdiagnosen zu stellen beziehungsweise differenzialdiagnostische Fragen festzulegen.

Das Erstgespräch in der psychotherapeutischen Praxis

Während die Situation des Erstgesprächs in der Klinik häufig von institutionellen Faktoren (z. B. Zeitmangel, Akutversorgungsauftrag, möglicherweise gesetzliche Unterbringung gegen den Willen des Patienten) beeinflusst und geprägt wird, können in der Praxis des niedergelassenen Psychotherapeuten spezielle Therapiemethoden in reiner Form angewandt werden.

Psychoanalyse

Ein Psychoanalytiker geht davon aus, dass die körperlichen Anteile einer Störung anderweitig geklärt und im Konsiliarbericht zum Psychotherapieantrag festgehalten werden. Das psychoanalytische Erstinterview (Argelander 1970) kann deshalb vom Interviewer minimal strukturiert werden; dabei ist Zurückhaltung (Abstinenz) wichtig. In der mitgeteilten Lebensgeschichte wird auf folgende Faktoren geachtet:

- Gibt es sich wiederholende (repetitive) Beziehungsmuster und -konflikte?
- Gibt es Hinweise auf frühere traumatisierende Erlebnisse ?
- Welche Abwehrmechanismen treten auf?
- Welche Anpassungsmechanismen (Parin 1977) werden eingesetzt?
- Wie stellt sich ein Konflikt in der Interviewsituation szenisch dar? Der szenischen Darstellung von Konflikten im Gespräch wird große Aufmerksamkeit geschenkt.
- Wie kann der Patient mit Probedeutungen umgehen?

Während in der Zeit Freuds eine Probetherapie zur Indikationsstellung gefordert wurde, sollen heute im Erstinterview die gesamten Voraussetzungen für eine Therapie abgeklärt werden. Meist reicht ein Gespräch aber nicht aus und nach den Psychotherapierichtlinien der Krankenkassen werden deshalb sechs Gespräche bis zur Indikationsstellung finanziert.

Bei älteren Menschen mit schweren Depressionen oder mit deutlichen kognitiven Störungen ist das psychoanalytische Erstinterview nur mit Einschränkungen anwendbar, sei es, dass depressive Patienten bei ihren Klagen und Anklagen verharren, sei es, dass Alzheimer-Patienten mit dieser Form der Gesprächsführung kognitiv überfordert und sich durch eine fehlende Resonanz bestraft fühlen. In der Regel aber ist eine psychoanalytische Vorgehensweise bei älteren Patienten als Voraussetzung für die Indikationsstellung einer analytischen oder tiefenpsychologischen Therapie gut anwendbar (vgl. Hinze in diesem Band).

Nach den Erstgesprächen ist es möglich, das Therapieangebot zu spezifizieren. Die individuelle Zielsetzung sollte möglichst dokumentiert und später überprüft werden (vgl. Heuft u. Senf 1998).

Verhaltenstherapie

Im Gegensatz zur psychoanalytischen Vorgehensweise wird in der Verhaltenstherapie im Erstgespräch eine strukturierte Exploration durchgeführt. (Fliegel 1996 S. 69 ff.) Die Gesprächsführung zielt darauf ab, frühzeitig Umstände und Bedingungen, die eine Symptomatik verursachen und aufrecht erhalten, in Erfahrung zu bringen. Nach Lehrbuchmeinung soll das Gespräch hypothesengeleitet bezüglich möglicher Bedingungszusammenhänge erfolgen und kann halbstandardisiert durchgeführt werden. Natürlich kommt es auch darauf an, in eine positive Arbeitsbeziehung zu kommen. Informationen sollen konkret, detailliert und gegenwartsbezogen erfragt und zu einem stimmigen Gesamtbild zusammengefasst werden. Am Anfang des Gesprächs können eher offene Fragen gestellt werden, wie: »Können Sie Ihre depressiven Gefühle etwas genauer beschreiben.« Geschlossene Fragen sind dann notwendig, wenn es um die Klärung von Detailfragen geht, zum Beispiel.: »Wie viele Personen sind im Raum, wenn Sie das Angstgefühl überkommt?«

Neben der diagnostischen Funktion hat diese Form des Erstgesprächs therapeutische beziehungsweise motivierende Aufgaben. Dieses Ziel soll erreicht werden durch:
– die Transparenz und Offenheit des Vorgehens,
– die ständige Bereitschaft des Therapeuten, das Vorgehen mit dem Patienten zu besprechen und ihn Fragen stellen zu lassen, sowie
– die Vermittlung von theoretischen methodischen Aspekten der Verhaltenstherapie.

Die Gesprächsführung kann bei älteren, kognitiv eingeschränkten Menschen nur beschränkt eingesetzt werden (vgl. Kemper in diesem Band).

Systemische Therapie

In der systemischen Beratung und Therapie wird der Hilfesuchende nicht als Individuum mit einer individuellen Lebensgeschichte oder Lernerfahrung angesprochen, vielmehr wird er als Symptomträger im Rahmen eines Familien- oder Sozialsystems aufgefasst (Weakland u. Herr 1984), der die Konflikte dieses Systems ausdrückt beziehungsweise unter ihnen leidet. Eine systemische Gesprächsführung ist auch möglich, wenn nicht die ganze Familie anwesend ist. Systemisches Fragen kann in der Beratung und Therapie eines Patienten allein oder gemeinsam mit nahen Familienmitgliedern einen wichtigen Verstehenszugang bieten. Wesentlich für das Erstgespräch ist es, eine positive Beziehung zum Klienten und gegebenenfalls. zu dessen Angehörigen herzustellen, wobei es sinnvoll ist, »die Befriedigung des Helfens mit dem Klienten zu teilen« (Weakland u. Herr 1984, S. 87). Dies kann beispielsweise durch die Würdigung der Lebenserfahrung eines älteren Klienten geschehen, von dem man etwas lernen kann.

Das Erstgespräch dient der Klärung, welche Bedeutung ein Verhalten für den Klienten selbst und für die anderen Familienmitglieder hat. Häufig sind bisherige Lösungsversuche die Ursache für die Aufrechterhaltung einer familiären Konfliktsituation. Eine frühzeitige Information über Beratungsmöglichkeiten kann dabei helfen, versteckte, nicht geäußerte Anliegen aufzudecken. Wenn eine starke Abwehr besteht, können Fragen nach Gefühlen zu Fragen der Informationsgewinnung umgedeutet werden. Fragen, die dann leichter akzeptiert werden.

Systemisches Denken kann auch auf andere Weise methodisch umgesetzt werden. Im Rahmen eines lösungszentrierten Ansatzes, bei dem es darum geht, die Fähigkeiten der Klienten zur Lösung der eigenen Probleme zu verstärken, wird zum Beispiel ein zweckgerichtetes Interview mit »fünf nützlichen Fragen«(Berg u. Miller 1998) durchgeführt.

Mehr noch als im Erstgespräch mit anderen Therapiemethoden ist es in der systemischen Beratung wesentlich, den hilfsbedürftigen Menschen gegenüber Hochachtung zu zeigen und diese auch zu verbalisieren. Hochachtung ermöglicht gerade älteren Menschen in narzisstischen Krisen sich im Gespräch zu öffnen und sich in eine Vertrauensbeziehung einzulassen (vgl. Johannsen in diesem Band).

Ältere Patienten und Klienten im Erstgespräch

Die Literatur zur Führung eines Erstgesprächs speziell mit älteren Menschen ist nicht sehr umfangreich. In der psychiatrischen Literatur finden sich einige Hinweise. Bellak (1976) rät dieselben Interviewprinzipien wie bei jüngeren Menschen anzuwenden. Der Arzt solle mit klaren Sätzen und offenen Fragen sich direkt an den Patienten wenden. Bei älteren Menschen bestehe oft eine verzögerte Fähigkeit zu antworten. Oesterreich (1981) fordert ein

mehrdimensionales Vorgehen in der Diagnostik mit der Suche nach somatischen, psychologischen und sozialen Faktoren und nach psychodynamischen
Zusammenhängen, die an der Entstehung und Ausgestaltung des normalen
und krankhaften Alterns mitwirken. Er geht von einem partnerschaftlichen
Interviewstil aus. Lanz (1988) dagegen, der sich vor allem mit der psychiatrischen Diagnostik alternder Menschen beim Hausarzt befasst, schlägt eine
hierarchisch gegliederte Diagnostik vor. Die erste Stufe, die neben der körperlichen Untersuchung auch eine Krankheitsanamnese umfasse, reiche in der
Regel aus. Psychotherapeutische Gesichtspunkte werden nicht berücksich-
tigt. In anderen Büchern zur Gerontopsychiatrie fehlen Hinweise zur Metho-
de der Gesprächsführung mit älteren Patienten gänzlich (z. B. Rudolf 1993,
Helmchen u. Lauter 2000). Dagegen gehen Kipp u. Jüngling (2000) auf die
Vorgehensweise ein und betonen unter anderem, dass die Angst vor der
Psychiatrie den Kontakt im Interview gestalte und dazu führe, dass alte
Menschen sich möglichst normal und unauffällig darstellen würden. Zur
Anamnese gehöre auch die begleitende Ärztestory, die für die Interpretation
der Symptome wichtig sei. Während das Gespräch von den Patienten spon-
tan gestaltet werden solle, sei es wichtig, nachträglich ein schematisches
Protokoll zu diktieren. In der zweiten Auflage des Förstlschen Lehrbuchs der
Gerontopsychiatrie führen Gutzmann u. Fröhlich (2003) aus, dass Informa-
tionsgewinnung und empathisches Eingehen auf den älteren Patient Hand
in Hand gehen müssten, wobei der Rolle des Körpers als intervenierender
Größe mehr Bedeutung zukomme als in der Allgemeinpsychiatrie. Im
Gespräch komme es darauf an, die Geschwindigkeit und den Inhalt von älte-
ren Patienten zunächst selbst bestimmen zu lassen. Bei einem völlig unstruk-
turierten Gespräch bestehe jedoch die Gefahr, dass wichtige Probleme, wie
Probleme einer sexuellen Dysfunktion, nicht verbalisiert würden.

Differenzierte Vorschläge zum methodischen Vorgehen im Erstgespräch
finden sich bei psychotherapeutischen Autoren. Schon Richards u. Maletta
(1993) machen darauf aufmerksam, dass es bei der Erhebung der Lebensgeschichte um die wissenschaftliche Suche von Tatsachen sowie um die Kunst
der Einfühlung gehe. Oft bestünden bei älteren Patienten andere Anliegen,
als in den Klagen ausgesprochen würden. Schweigepausen könnten sich positiv auswirken. Der Interviewer solle alle Sinne nutzen und so zum Beispiel
auf Blick, Haltung und Körpersprache der Patienten achten. Bei sehr stillen
älteren Menschen schlagen die Autoren »Eisbrecher«-Sätze vor, beispielsweise »Wie lange dachten Sie, als Sie in meinem Alter waren, würden Sie noch

leben?« Durch solche Fragen komme ein stockendes Interview in Gang und der Interviewer bekäme Einsicht in bestehende Kohortenunterschiede. Nach einem ausführlichen Interview könne in der Regel auf beängstigende und unbequeme Fragen nach dem psychopathologischen Befund verzichtet werden, da sie durch die vorherigen Reaktionen bei der Anamnese schon zu beantworten seien. Bei psychoanalytischen Autoren, zum Beispiel Terry (1997), werden Beratungsinterviews beispielhaft dargestellt und interpretiert, jedoch hinsichtlich der Technik nicht weiter erläutert. Bechtler (2000) stellt die Bedeutung des sekundären Krankheitsgewinns älterer Patienten heraus, die oft in ihrer Symptomatik und Hilfsbedürftigkeit die einzige Möglichkeit sehen, Zuwendung zu erlangen.

Im »Lehrbuch der Gerontopsychosomatik und Alterpsychotherapie« (Heuft et al. 2000) wird die Durchführung von Erstgesprächen ausführlich beschrieben. Das Erstgespräch habe diagnostische, beziehungsgestaltende, indikationsweisende und therapeutische Aufgaben: Die bio-psycho-soziale Gesamtsicht in der Querschnittsbetrachtung müsse durch die biographische Entwicklung im Sinne einer Längsschnittbetrachtung ergänzt werden, eine Aufgabe, die in der Regel zwei bis drei Sitzungen à 50 Minuten brauche. Nach der Eröffnungsfrage: »Was möchten Sie mit mir besprechen?« müsse der Ältere 20 bis 25 Minuten lang Gelegenheit haben, sich auf die neue Situation einzustellen (S. 245). Auf diese Darstellung beziehen sich die im folgenden formulierten Stichworte über die Besonderheiten im Erstgespräch mit älteren Menschen teilweise.

Radebold u. Hirsch (2003) betonen im Förstlschen »Lehrbuch der Gerontopsychiatrie und –psychotherapie«, dass im Erstgespräch bei der Entstehung eines resignativen Bildes des Lebens unbedingt nach Ich-Stärken, Kompetenzen und Potentialen gefragt werden müsse. Im Uexküllschen »Lehrbuch Psychosomatische Medizin« fordern Heuft und Radebold (2003), dass eine krankheitszentrierte Sicht durch eine personenzentrierte abgelöst werde. Es müsse im Erstgespräch eruiert werden, wie hoch krankheitsbedingte Einschränkungen psychisch besetzt seien. Eine Teilidentifizierung mit den älteren Menschen erlaube, sich in die Krankheits- und Lebenssituation Alternder wirklich einzufühlen.

In der gerontopsychologischen Literatur finden sich nur Hinweise auf das Erstgespräch, soweit die Autoren von der Psychoanalyse herkommen. Junkers (1995) weist darauf hin, dass die Art, wie ein Patient das Gespräch strukturiere, Aufschlüsse über dessen kognitive Fähigkeiten gäbe. Kaszniak

(1996) betont zwar die Bedeutung des Interviews, beschäftigt sich aber nur mit objektivierenden mehrdimensionalen Erfassungssystemen, die klinisch wohl keine Bedeutung haben. Bei Gunzelmann und Oswald (2002) fehlen ebenso wie bei Hautzinger (2003) Aussagen zum Erstgespräch.

Altersspezifische Problemstellungen im Erstgespräch

Auf die Besonderheiten, die im Erstgespräch mit älteren Menschen beachtet werden sollen, wird hier anhand einiger Stichworte eingegangen werden.

Multimorbidität

Im Gegensatz zu Menschen in jüngeren Lebensaltern treten in der Regel mit zunehmendem Alter mehr körperliche Störungen und Krankheiten auf (Hirsch et al.1992). Sehen und Hören werden schlechter, die Muskelkraft lässt nach und die Fähigkeit, diese chronischen Störungen zu kompensieren, ist eingeschränkt. Hinzu kommt, dass psychische Störungen, wie Depressionen im Alter, oft mit somatischen Beschwerden einhergehen (Göbel et al. 1997). Der Körper mit seinen Beschwerden wird im Alter für das seelische Leben wichtiger, so dass ihm die Funktion eines Organisators des seelischen Lebens (Heuft et al. 2000) in dieser Phase zugeschrieben werden kann.

Körperliche und seelische Probleme sind also im Alter eng miteinander verknüpft. Ein Vertrauensverhältnis zu älteren Menschen, die unter psychischen Störungen und körperlichen Beschwerden leiden, ist oft nur zu erreichen, wenn sie im Erstgespräch für ihre körperlichen Beschwerden ein ausreichendes Interesse beim Therapeuten finden. Ein systematisches Assessment kann eine wichtige Ergänzung zum Erstgespräch sein (z. B. Höltmann u. Tausche 1996).

Erinnerungsfähigkeit

Ältere Menschen, die gerne erzählen, beschäftigen sich vielfach erneut mit ihrer Kindheit und Jugend. Durch das Erzählen werden Erinnerungen aktualisiert und stehen dann umfangreich zur Verfügung. Bei vielen älteren

Menschen ist jedoch die Fähigkeit zu erinnern reduziert, insbesondere wenn sie an einer Depression leiden (Kipp 1997). Im Erstgespräch lassen sich oft nur ganz spärliche Informationen aus der Kindheit gewinnen und die Psychodynamik der Depressionsentwicklung muss aus dem Schicksal in den letzten Jahren abgeleitet werden. Anders ist es bei Menschen mit einer demenziellen Erkrankung, bei denen die Erinnerungen an die letzten Jahre spärlicher sind als an die Kindheit.

Entwicklungsaufgaben

Mit der Festlegung altersspezifischer Entwicklungsaufgaben setzt man sich der Gefahr aus, normativ bestimmen zu wollen, welche Problemstellungen in welchem Lebensalter notwendigerweise gelöst werden müssen, obwohl diese individuell stark differieren. Trotz dieses Einwandes ist es sinnvoll und hilfreich, wenn jüngere Therapeuten sich mit den psychosozialen Problemstellungen älterer Menschen auseinandersetzen, gerade weil sie noch nicht selbst die Möglichkeit hatten, hierzu eigene Erfahrungen zu sammeln.

Radebold (1992, S. 67 ff.) hat folgende psychosoziale Aufgabenbereiche aufgelistet, deren Problemstellung sich im Laufe des Alterns wandelt:
- Reagieren auf den sich verändernden eigenen Körper
  (physische und psychische Anteile),
- Umgehen mit den eigenen libidinösen aggressiven
  und narzisstischen Strebungen,
- Gestalten der intragenerativen Beziehungen,
- Gestalten der intergenerativen Beziehungen,
- Sich-stabilisieren durch Beruf und Interessen,
- Erhalten der sozialen Sicherheit (Versorgung),
- Erhalten der eigenen Identität,
- Einstellen auf die sich verändernde Zeitperspektive
  sowie auf Sterben und Tod.

Diese Entwicklungsaufgaben wandeln sich in den Lebensphasen des Alters und zeigen typische Ausprägungen zwischen dem 45./50. und dem 60./65. Lebensjahr, dem 60./65. und dem 70./75. sowie nach dem 75./80. Lebensjahr.

Kohortenspezifische Lebenserfahrungen

Ältere und alte Menschen haben in ganz unterschiedlichen historischen Zusammenhängen ihre Kindheit und Jugend verbracht (vgl. Radebold in diesem Band). Während beispielsweise ganz alte Menschen drei Notzeiten (den ersten Weltkrieg und die Folgen, die Arbeitslosigkeit Anfang der 30er Jahre und den zweiten Weltkrieg mit seinen Folgen) durchlebt haben, lernten Therapeuten, die jünger als 50 Jahre alt sind, nie in diesem Ausmaß Hunger und Not kennen. Dies gilt natürlich auch für alle anderen Erfahrungen in unterschiedlichen sozialen und politischen Strukturen. Im Erstgespräch, natürlich auch im weiteren Verlauf einer Behandlung, ist es wichtig anzuerkennen, dass ältere Patienten/Klienten Erfahrungen gesammelt haben, die im Kontext der historischen Entwicklung zu verstehen sind. Ein tieferes Verständnis des Patienten/Klienten ist nur möglich, wenn der Therapeut sich auf solche Fragestellungen einlässt und auch solche Zusammenhänge erfragt.

Tradierte Einstellungen und Erfahrungen zu allem, was mit »Psycho« zu tun hat

Die heute über 60-Jährigen empfinden Ratschläge, sich an einen Psychiater oder Psychologen zu wenden, meist bedrohlicher als jüngere Menschen. Sie assoziieren dazu meistens die Abschiebung in eine geschlossene Abteilung und die Ruhigstellung durch Medikamente. Offen über eigene und familiäre Probleme zu sprechen wird entsprechend der früheren Erziehung meist abgelehnt. In der Kindheit älterer Menschen lernten diese, insbesondere wenn sie männlichen Geschlechts waren, Gefühle zu verdrängen, zu verleugnen und die Zähne zusammenzubeißen. Negativ über die eigene Familie zu sprechen galt als Nestbeschmutzung. Solche aus der Sozialisation verständliche Einstellungen erschweren den Zugang zur Psychotherapie.

Spezifische Verlusterfahrung

Während im jüngeren Lebensalter das Ende einer Beziehung durch neue Beziehungen kompensiert werden kann, wird dies mit zunehmendem Alter immer schwieriger. Gerade für alte Frauen, die eine höhere Lebenserwartung als Männer haben, ist es schon aus demoskopischen Gründen kaum möglich, neue Beziehungen zu Männern einzugehen. Außerdem haben sich meist die Beziehungserwartungen verändert – Wunschpartner sollen passende Eigenschaften haben –, so dass ein Partnerverlust häufig zum Rückzug aus Beziehungen führt (Kipp u. Jüngling 2000). Im Erstgespräch ist es deshalb sinnvoll Beziehungsängste und -wünsche anzusprechen.

Sterben und Tod

Krankheiten und Verluste sind im Alter wichtige Themen. Die Auseinandersetzung mit dem eigenen Sterben hat in der Phase des Alters, die sich oft auf 20 bis 30 Jahre und mehr ausdehnen kann, wohl keine wesentlich höhere Bedeutung als im mittleren Alter, soweit keine schweren Krankheiten auftreten. Jedoch scheint der Lebenshunger im Alter nachzulassen, insbesondere dann, wenn im Leben Wünsche erfüllt werden konnten und das Leben als erfüllt empfunden wird. Mit zunehmender Krankheit und Hochaltrigkeit gehört das »Akzeptieren von Sterben und Tod als Bestandteil der augenblicklichen Lebenssituation« (Radebold 1992, S. 72) zu den wesentlichen Entwicklungsaufgaben.

Die Einstellung des Therapeuten/Beraters zum Alter

Wenn ein Prozess des Alterns nur als eine defizitäre Entwicklung gesehen wird, liegt es nahe, dass jüngere Therapeuten die Haltung entwickeln, eine aufwändige Psychotherapie oder gar eine Psychoanalyse lohne sich für den älteren Patienten nicht mehr. Dabei macht die Lebenserwartung 60-jähriger durchschnittlich noch ein Drittel des Erwachsenenlebens aus! Da in dieser Lebensphase belastende Ereignisse häufig sind und soziale und körperliche Verluste auftreten, ist Psychotherapie ist in dieser Lebensphase besonders wichtig, um die Bewältigungsfähigkeit zu stärken. Ein gekonntes Erstgespräch ist eine Voraussetzung für den erfolgreichen Beginn einer Beratung oder einer Therapie.

Literatur

Adler RH (1996): Anamnese und körperliche Untersuchung. In: Adler RH, Hermann JM, Köhle K. Schonecke OW, Uexküll T v, Wesiack W (Hg.):Psychosomatische Medizin. 5. Aufl., München (Urban & Schwarzenberg), 307–321.

Argelander H (1970): Das Erstinterview in der Psychotherapie. Darmstadt (Wissenschaftliche Buchgesellschaft).

Bechtler H (2000): Gruppenpsychotherapie mit älteren Menschen. München (Reinhardt).

Bellak L (1976): Geriatric Psychiatry as Comprehensive Health Care. In: Bellak K, Karasu TB (Hg.): Geriatric Psychiatry. New York, San Francisco, London, (Grune & Stralton).

Berg IK, Miller SD (1998): Kurzzeittherapie bei Alkoholproblemen; ein lösungszentrierter Ansatz. 3. Aufl., Heidelberg (Carl Auer).

Engel GL (1969): Psychisches Verhalten in Gesundheit und Krankheit. Bern, Stuttgart, Wien (Huber).

Fliegel S (1996): Verhaltenstherapeutische Diagnostik. In: Senf W, Broda M (Hg.): Praxis der Psychotherapie. Stuttgart (Thieme).

Freud S (1914): Zur Einführung des Narzissmus. GW Bd. 10, Frankfurt a. M. (Fischer), 137–170.

Freud, S (1923): Das Ich und das Es. GW Bd 13, Frankfurt a. M. (Fischer), 237–289.

Fürstenau P (1992): Entwicklungsförderung durch Therapie. München (Pfeiffer).

Göbel H, Kipp J, Struwe B (1997): Symptomatik der Altersdepression und die Diagnose der Depression nach ICD-10. In: Radebold H, Hirsch RD, Kipp J, Kortus R, Stoppe G, Struwe B, Wächtler C (Hg.): Depression im Alter. Darmstadt (Steinkopff).

Gunzelmann T, Oswald WD (2002): Gerontopsychologische Diagnostik. In: Maercker A (Hg.): Alterpsychotherapie und klinische Gerontopsychologie. Heidelberg (Springer), 111–123.

Gutzmann H, Fröhlich L (2003): Klinische Untersuchung und Psychometrie. In: Förstl H (Hg.): Lehrbuch der Gerontopsychiatrie und –psychotherapie. Stuttgart (Thieme), 88–106.

Hautzinger M (2003): Verhaltenstherapie. In: Förstl H (Hg.): Lehrbuch der Gerontopsychiatrie und –psychotherapie. Stuttgart (Thieme), 166–178.

Helmchen H, Lauter H (2000): Diagnostische Probleme in der Psychiatrie des hohen Lebensalters. In: Helmchen H, Heun T, Lauter H, Sartorius N (Hg.): Psychiatrie spezieller Lebenssituationen. Berlin, Heidelberg (Springer), 205–222.

Heuft G (1990): Bedarf es eines Konzeptes der Gegenübertragung? Forum Psychoanal 6:299–315

Heuft G, Radebold H (2003): Gerontopsychosomatik. In: Uexküll: Psychosomatische Medizin. München u. Jena (Urban & Fischer), 1247–1268.

Heuft G, Kruse A, Radebold H (2000): Lehrbuch der Gerontopsychosomatik und Alterspsychotherapie. München (Reinhardt).

Heuft G, Senf W (1998): Praxis der Qualitätssicherung in der Psychotherapie. Stuttgart, New York (Thieme).

Hirsch RD, Bruder J, Radebold H, Schneider HK (Hg.) (1992): Multimorbidität im Alter. Bern, Göttingen, Toronto (Huber).

Hirsch RD (1998): Lernen ist immer möglich. Verhaltenstherapie mit Älteren. 2. Aufl., München (Reinhardt).

Hoffmann SO, Hochapfel G (1995): Neurosenlehre, Psychotherapeutische und Psychosomatische Medizin. 5. Aufl., Stuttgart (Schattauer).

Holtmann B, Tausche P (1996): Pflegesatzadaptiertes geriatrisches Basis-Assessment. München (Medizin-Verlag).

Junkers G (1995): Klinische Psychologie und Psychosomatik des Alterns. Stuttgart, New York (Schattauer).

Kaszniak AW (1996): Techniques and Instruments for Assessment of the Elderly. In Zaid SH, Knight SG (Hg.): A Guide to Psychotherapy and Aging. Washington (American Psychological Association), 163–219.

Kipp J (1992): Charakter- und Beziehungsveränderungen im Alter – Reflexionen über einen tertiären Narzissmus. In: Radebold H (1992) (Hg.): Psychoanalyse und Altern. Kassel (Gesamthochschulbibliothek).

Kipp J (1997): Erinnerung an Kindheit und Jugend bei alten Menschen. In: Radebold H (Hg.): Altern und Psychoanalyse. Göttingen (Vandenhoeck & Rupprecht), 121–138.

Kipp J, Jüngling G (2000): Einführung in die praktische Gerontopsychiatrie: Zum verstehenden Umgang mit alten Menschen. 3. Aufl., München, Basel (Reinhardt).

Kohut H (1973) Narzissmus. Frankfurt (Suhrkamp).

Lanz M (1988): Psychiatrische Diagnostik beim alternden Menschen. In: Uchtenhagen A, Jovic N (Hg.): Psychogeriatrie. Heidelberg (Asanger).

Martin E, Junod J-P (Hg.) (1986): Lehrbuch der Geriatrie. Bern, Stuttgart, Toronto (Huber).

Moeller ML (1977): Zur Theorie der Gegenübertragung. Psyche 31:142–166

Moeller HJ (1997): Psychiatrie. Stuttgart (Kohlhammer).

Moser T (1986): Kompass der Seele. Ein Leitfaden für Psychotherapiepatienten. Frankfurt a. M (Suhrkamp).

Oesterreich K (1981): Psychiatrie des Alterns. Heidelberg (Quelle & Meyer).

Parin P (1977): Das Ich und die Anpassungsmechanismen. Psyche 31: 481–515

Peters M (2002): Aktives Altern oder »Entdeckung der Langsamkeit«. In: Peters M, Kipp J (Hg.): Zwischen Abschied und Neubeginn. Giessen (Psychosozial), 87–101.

Radebold H (1992): Psychodynamik und Psychotherapie Älterer. Berlin, Heidelberg, New York (Springer).

Radebold H, Hirsch RD (2003): Tiefenpsychologische/psychoanalytische Behandlungsverfahren. In: Förstl H (Hg.): Lehrbuch der Gerontopsychiatrie und -psychotherapie. Stuttgart (Thieme), 179–187.

Richards HN, Maletta GJ (1993): History and Mental Status Examination. In: Copeland JRM, Abou-Saleh MT, Blazer DG (Hg.): Principles and Practice of Geriatric Psychiatry. Chichester, New York (Willey & Sons), 179–184.

Rudolf GAE (1993): Der psychogeriatrisch Kranke in der ärztlichen Sprechstunde. Braunschweig.

Schmidbauer W (1977): Die hilflosen Helfer. Über die seelische Problematik der helfenden Berufe. Reinbek bei Hamburg (Rowohlt).

Teising M (1992): Alt und lebensmüde. München, Basel (Reinhardt).
Terry P (1997): Counselling the Elderly an their Carers. Houndsmills (Macmillan).
Weakland JH, Herr JJ (1984): Beratung älterer Menschen und ihrer Familien. Bern, Stuttgart, Wien (Huber).

Wie kommt der Mensch zur Altenberatung?

Angelika Trilling

Zusammenfassung:

Spezialisierte Altenberatungsstellen bestehen mittlerweile in einer Vielzahl von Städten in unterschiedlichen Trägerschaften. Aus der Perspektive einer kommunalen Beratungsstelle schildert dieser Beitrag typische Erstkontakte zu Ratsuchenden und stellt die Einbettung des Angebotes dar.

Schlüsselwörter: Soziale Beratung, Altenhilfeplanung

Abstract: How is Accesss Gained to Counseling for the Elderly

In many cities local authorities or registered charities meanwhile provide counselling services for the elderly. As a professional field of social work this is still very much in discussion and development. By looking at first contacts between citizens and a local authority counselling service some of its aspects are being analysed.

Keywords: counselling, social planning for the elderly

Rahmenbedingungen

Nach längeren politischen, organisatorischen und vor allem finanzierungstechnischen Vorläufen richtete die Stadt Kassel im Herbst 2000 eine Altenberatungsstelle ein. Unter dem Namen »Beratungsstelle Älter Werden« bietet sie Orientierung über vorhandene Angebote und berät ältere Menschen und ihre Angehörigen in Fragen des Wohnens, der Versorgung und der Pflege. Sie ist Teil des im Sozialamt angesiedelten »Referats für Altenarbeit«, das die Aufgaben der Altenhilfeplanung und Projektentwicklung, der Durchführung eines jährlichen Seniorenprogramms und die der Geschäftsführung für den Seniorenbeirat erfüllt.

Die Beratungsstelle verfügt aktuell über dreieinhalb Personalstellen für Sozialarbeit/Sozialpädagogik und zentral gelegene Räumlichkeiten außerhalb des Rathauses. Seit 2003 kann die Beratungsstelle ihr Angebot durch die Einbindung der Fachkraft eines freien Trägers um den Bereich der Wohnraumanpassung ergänzen.

Soziale Beratung

»Beratung« ist ein die gesamte Sozialgesetzgebung durchziehender Begriff: Überall, wo der Sozialstaat seine nachgeordneten Institutionen zur Hilfegewährung verpflichtet, verknüpft er die materielle oder praktische Unterstützung mit der ideellen Dimension der »Beratung«. Im Verwaltungshandeln taucht der Begriff meist im »Dreierpack« mit »Auskunft« und »Information« auf und kann zur tariflichen Höherbewertung eines Arbeitsplatzes beitragen.

Die sozialstaatlich organisierte und finanzierte Beratung verfolgt die Ziele:
Chancengleichheit: Alle sollen die gleichen Zugangsmöglichkeiten zu materiellen und immateriellen Hilfen haben.
Selbstbestimmung: Nur wer über ausreichende Kenntnis seiner Handlungsmöglichkeiten verfügt, kann entscheiden, welche er ergreifen möchte.
Hilfe zur Selbsthilfe: Autonomie als Leitmetapher der modernen Gesellschaft setzt die Befähigung des Einzelnen und seines sozialen Netzes voraus, Notsituationen zu überwinden und für sich selbst Verantwortung und Sorge zu tragen.

Damit verbunden ist die Erwartung, dass Beratung beiträgt zum wirtschaftlichen Einsatz der Mittel der Solidargemeinschaft.

Blick ins bunte Beratungsleben – Fallbeispiele

Beispiel A: Die alte Dame

Ein Anruf in der Beratungsstelle. Am Apparat ist – der Stimme nach zu urteilen – eine Dame vorgerückten Alters: »Guten Tag, können Sie mir bitte ein Verzeichnis von Altenheimen und Betreutem Wohnen in Kassel und Umgebung zusenden?«

Die Beratungsstelle erstellt kommentierte Listen über die verschiedenen Hilfeangebote in ihrem Einzugsbereich. Grundsätzlich klärt die Beratungsstelle jetzt ab, wozu die Informationen gewünscht werden. Die alte Dame erläutert: »Meine Kinder wohnen in Köln und sind der Meinung, ich könne hier zu Hause nicht mehr so alleine wohnen bleiben. Ich soll mich schon mal irgendwo – in einem Heim oder so – anmelden. Lieber wäre mir natürlich so etwas wie Betreutes Wohnen, wo ich meine Selbstständigkeit behalten kann.«

Die Mitarbeiterin erkundigt sich jetzt nach dem Umfang der gewünschten Unterstützung: Wird der Haushalt noch selbständig geführt?

»Eine Frau putzt mir einmal in der Woche, und im Haus habe ich eigentlich auch immer jemand, der mir den Einkauf heraufträgt. Angst haben meine Kinder eigentlich nur, dass ich in der Wohnung hinfalle und es lange keiner merkt. Umziehen möchte ich noch nicht so richtig, immerhin wohne ich hier schon 46 Jahre.«

Vorgeschlagen wird jetzt die Anschaffung eines Hausnotrufs verbunden mit dem Hinweis, dass es auch noch eine Reihe anderer Möglichkeiten gibt, die Wohnung an die veränderte Lebenssituation anzupassen und so den Kindern der Anruferin einen Teil ihrer Sorgen zu nehmen. Der alten Dame ist das Hilfsmittel »Hausnotruf« zumindest als Begriff bekannt. Auch die angesprochen Anpassungsmaßnahmen finden ihr Interesse. Es wird ein Gesprächstermin in der Beratungsstelle vereinbart.

Aus dem Verlauf dieses Gesprächs lassen sich Arbeitsweise und Zielsetzungen der Beratungsstelle ablesen:

Zugang: Häufig wird Kontakt zur Beratungsstelle mit der Bitte um Informationsmaterial zu Versorgungsangeboten aufgenommen. Dahinter steckt im allgemeinen die (mitunter auch fremdinduzierte) Unsicherheit, ob die gegenwärtige Organisation des Alltags den gesundheitlichen Einschränkungen noch entspricht. Der unverbindliche Telefonanruf oder ein kurzes persönliches »Vorbeischauen« erfüllen die Erwartungen von Angehörigen, etwas zu tun. Gleichzeitig gibt sich der Ratsuchende nicht die Blöße der Hilfsbedürftigkeit. Der eher vage Wunsch nach einem »Verzeichnis von Altenheimen und Betreutem Wohnen« lässt die Beraterin darauf schließen, dass es der Anruferin um anderes geht, als die Information über eine bestimmte Einrichtung, deren Preis oder Lage. Nicht nur Ältere bedienen sich schließlich der Sachfragen als »Türöffner«, um komplexere Fragen – etwa Familienkonflikte – anzusprechen.

Kriterium Selbstbestimmung: Deutlich äußert die Anruferin ihren Wunsch, in der eigenen Wohnung zu bleiben. Angesichts der nur bedingt tragfähigen Versorgungslösung »Betreutes Wohnen« und der Einschätzung der Beraterin, dass die Voraussetzungen für den Umzug in ein Pflegeheim noch nicht gegeben sind, entsteht der Vorschlag, das häuslichen Umfeld zu verbessern.

Folgeangebot Beratungsgespräch: Mit dem Hausnotruf ist ein Versorgungsangebot angesprochen, unter dem sich die Anruferin etwas vorstellen kann. Weitere Möglichkeiten, wie Wohnraumanpassung, Erweiterungen häuslicher Betreuung und die Überprüfung ausreichender medizinischer Versorgung, können bei einem persönlichen Gespräch geklärt werden. Vorrangig angeboten wird dabei das Gespräch in der Beratungsstelle. Ist dies den Ratsuchenden nicht möglich, wird ein Hausbesuch vereinbart.

Zielsetzung Stärkung der Eigenverantwortlichkeit: Im vereinbarten Beratungsgespräch wird zu klären sein, ob erforderliche Maßnahmen von der Anruferin selbst, ihren Kindern oder Nachbarn umgesetzt werden können oder ob Bedarf an weiterer Unterstützung besteht. Aufgaben des Unterstützungsmanagement werden von der Beratungsstelle übernommen, soweit sie nicht ein anderer Dienst eingeschaltet wird (Wohnraumanpassung, gerontopsychiatrische Versorgungsangebote, häusliche Pflegedienste).

Beispiel B: Die Tochter

Am Freitag Nachmittag kommt eine Frau in mittleren Jahren in die Beratungsstelle und bittet um ein Gespräch. Sie sei fürs Wochenende aus Frankfurt gekommen, um nach ihren Eltern zu sehen. Der Vater wurde kurzfristig ins Krankenhaus eingewiesen. Nun hat sie mit Erschütterung festgestellt, dass diese Situation die Mutter völlig überfordere. Ihre Verwirrtheit sei viel fortgeschrittener, als sie bisher bei Besuchen wahrgenommen habe. Jetzt stelle sich grundlegend die Frage nach der weiteren Versorgung beider Eltern.

Die Tochter steckt in einer akuten Betreuungsproblematik. Die ohnehin prekäre häusliche Versorgung der Eltern ist aus dem Lot geraten, und Abhilfe ist geboten. Eine Analyse der Vorgehensweise gibt wiederum Einblick in den Arbeitsansatz der Beratungsstelle.

Umgang mit der Krise: Angehörige geraten oft unter starken Handlungsdruck und möchten den ihnen als untragbar scheinenden Zustand sofort verändern. Es gilt, gemeinsam herauszufinden, was den Druck hervorruft und wie er abzubauen ist. Wie kann die Hilfe für die alten Eltern aussehen, was muss sofort veranlasst werden, was ist langfristig zu regeln? Wie können vor allem die Eltern an der Entscheidungsfindung beteiligt werden?

Ressourcenorientierung: Im Gespräch wird geklärt, welche Hilfen nötig sind und wer aus dem vorhandenen Umfeld zur Unterstützung beitragen kann. Gibt es in der Familie, der Nachbarschaft oder im Bekanntenkreis Menschen, die Verantwortung übernehmen können und wollen. Ist Hilfe durch Dritte nötig, und wie lässt sie sich organisieren und finanzieren?

Ausgleich von Informationsdefiziten: Die Tochter wird über die vorhandenen Unterstützungsangebote informiert. Häufig zeigt sich, dass den Familien nur die Wahl zwischen ambulanter und vollstationärer Versorgung bekannt ist. Teilstationäre Angebote sowie geriatrische oder gerontopsychiatrische Behandlungsmöglichkeiten werden kaum nachgefragt. (Klie et al 2003)

Entwicklung von Handlungsoptionen: Die Tochter kann jetzt zwischen mehreren Alternativen abwägen. Kurz- und mittelfristige Lösungsvorschläge erleichtern die Entscheidungsfindung. Ein Gespräch über die Motivation, Pflege zu übernehmen, hilft zwischen normativem Druck und eigenen Wünschen zu unterscheiden. Sieht die Tochter sich in der Lage, gemeinsam mit ihrer Familie eine kurzfristige Versorgung der Mutter sicherzustellen, werden die weiteren Schritte überlegt: Diagnostische Abklärung durch einen Facharzt, Antrag auf Leistungen der Pflegeversicherung, Beauftragung eines Pflegedienstes, Nutzung eines Tagespflegeangebotes, Einleitung der gesetzlichen Betreuung usw.

Angebot der weiteren Zusammenarbeit: Die Beratungsstelle bietet ihre Unterstützung für den Fall an, dass bei der Umsetzung der Hilfe Schwierigkeiten auftauchen.

Beispiel C: Das soziale Netz

In der Beratungsstelle ruft eine Frau an, die sich als Vermieterin seit Jahren um eine mittlerweile 94-jährige, alleinstehende Hausbewohnerin kümmert. Der Versorgungsbedarf der alten Dame nimmt stetig zu und beide, Vermieterin wie Mieterin, sind auf der Suche nach Entlastung.

Zugang: Mit Einverständnis der alten Dame wird mit der Vermieterin ein Termin für einen Hausbesuch vereinbart. Dabei soll die Gesamtsituation eingeschätzt werden, um die Versorgung – etwa durch Einbeziehung weiterer Dienste – zu verbessern.

Hausbesuch: Beim Beratungsgespräch stellt sich ein hoher Versorgungsbedarf mit ungeklärter Finanzierung heraus. Die alte Dame sieht sich nicht in der Lage, die auch aus ihrer Sicht notwendigen Hilfen zu organisieren.

Auch die Vermieterin fühlt sich überfordert. Sie ist aber bereit, die anfallende Wäsche zu waschen und weiterhin nach ihrer Mieterin zu sehen.

Die 94-jährige bittet die Beratungsstelle im Sinne des Unterstützungsmanagements folgende Schritte für sie zu unternehmen: Beauftragung eines Pflegedienstes, Klärung der Finanzierung, Information und mögliche Einbeziehung des Hausarztes zur Sicherstellung ausreichender medizinischer Behandlung (auch unter Einbeziehung gerontopsychiatrischer Fachkompetenz).

Was »Altenberatung« meint

Mit ihrer Beratungsstelle entspricht die Stadt Kassel den Vorgaben des § 75 Bundessozialhilfegesetz, nach dem alten Menschen außer der Hilfe nach den übrigen Bestimmungen »Altenhilfe« zu gewähren ist. Altenhilfe »soll dazu beitragen, Schwierigkeiten, die durch das Alter entstehen, zu verhüten, zu überwinden oder zu mildern und alten Menschen die Möglichkeiten erhalten, am Leben in der Gemeinschaft teilzunehmen«. Sie soll »ohne Rücksicht auf vorhandenes Einkommen oder Vermögen gewährt werden, soweit im Einzelfall persönliche Hilfe erforderlich ist.« Beratung ist dabei eine von vielen Maßnahmen zur Verhütung, Überwindung oder Milderung von altersspezifischen Schwierigkeiten. Sie entwickelte sich relativ spät als eigenständiges Angebot.

Mit dem in Bundessozialhilfe- und Pflege-Versicherungsgesetz definierten Vorrang ambulanter vor stationärer Hilfen (und damit des Vorrangs von Rehabilitation vor Pflege) erhielt die Beratung einen weiteren Auftrag: Sie soll mitwirken bei der Vermeidung von (dauerhafter) stationärer Unterbringung.

Natürlich stehen älteren Menschen alle Bereiche des sozialen Sicherungssystems mit ihren Auskunfts- und Beratungsleistungen offen. Doch rufen Problemlagen im Alter häufig einen komplexen Bedarf an Unterstützung hervor. Hinzu kommen lebensphasentypische Verlusterfahrungen durch den Tod naher Personen, durch körperliche Einschränkungen und die damit verbundene Bedrohung der Selbstständigkeit. Das Herausbilden eines eigenständigen Tätigkeitsfeldes »Altenberatung« erfolgte, ganz ähnlich der Geriatrie, der Gerontopsychiatrie und der Altenpflege, um der Kumulation der sozialen, physischen und psychischen Beeinträchtigungen im Alter Rechnung zu tragen.

Altenberatung wendet sich nicht nur an die älteren Menschen und ihre Angehörigen. Durch Öffentlichkeits- und Multiplikatorenarbeit wirkt sie auf das soziale Umfeld ein, leistet Sensibilisierung für die Belange des Alters und fördert bürgerschaftliche Unterstützung.

Als kommunale und von Anbieterinteressen unabhängige Instanz ermöglicht die Kasseler Beratungsstelle einen Überblick über die Vielfalt der Angebote. Sie vermittelt zwischen Anbietern und Kunden und begleitet trägerübergreifende Kooperationsprozesse. In ihrer alltäglichen Arbeit wird sie auf Bedarfslücken und Versorgungsprobleme aufmerksam und ist damit ein Instrument der Altenhilfeplanung.

Als Schwerpunkt der Arbeit kann die psychosoziale Beratung gesehen werden. In Belastungs-, Konflikt- oder Krisensituationen werden sowohl die vorhandenen persönlichen Ressourcen wie auch die in der sozialen Infrastruktur vorhandenen Unterstützungsangebote auf ihre Tragfähigkeit geprüft. Ziel ist es, mit älteren Menschen und ihren Angehörigen Perspektiven für die individuelle und gemeinsame Lebensgestaltung als Familie zu eröffnen. (Schubert-Hadeler 2002, S. 77)

Kleiner Exkurs zur »mühseligen Professionalisierung«

Die »mühselige Professionalisierung« war der Titel eines im Rahmen des Modellprogramms Psychiatrie 1984 entstandenen Berichts über die Einbindung der Altenberatung als sozialarbeiterischer Fachdienst in die Teams von Sozialstationen. Aufgezeigt wurde, wie schwierig die Akzeptanz eigenständiger Beratung in einem Feld ist, das von der Profession Pflege beherrscht wird und dessen »Ränder« von ehrenamtlichen oder nebenamtlichen Aktivitäten geprägt sind. (Korte 1987) Dies schlägt sich nach wie vor in der fehlenden Finanzierungsgrundlage nieder. Die Sozialarbeit ist durch die Vorgaben des Pflege-Versicherungsgesetzes aus den Bereichen ambulanter, teilstationärer und stationärer Pflege herauskatapultiert worden, wenn sie nicht trägerintern im Austausch für andere Professionen eingesetzt wird. In den aktuellen Diskussionen über die Qualitätssicherung spielt sie kaum eine Rolle.

Mit Förderprogrammen auf Landesebene (NRW, Baden-Württemberg, Bayern, Rheinland-Pfalz) erhielt die Altenberatung in den 90er Jahren einen quantitativen und qualitativen Schub, wurde und wird aber mangels dauerhafter Absicherung vielfach wieder zurückgefahren oder kam, trotz großen Verheißungen (wie etwa in Hessen), nicht über die Stufe umfänglicher Planungspapiere hinaus.

Die Einführung der Pflegeversicherung bedeutete für die Altenberatung sowohl die Chance einer Neupositionierung wie auch die Gefahr der Randomisierung. Vom Politikverständnis des örtlichen Sozialhilfeträgers – also den Landkreisen und Kommunen – hängt es ab, ob »Altenberatung«, verkürzt auf den Bereich der »Pflege«, dem Handeln der Pflegekassen überantwortet wird. Mit einem, dem Tatbestand der Pflegebedürftigkeit vorgelagerten oder ihn überspannenden Beratungsauftrag erfüllen die Kommunen indes nicht nur ihren gesetzlichen Auftrag. Sie eröffnen sich die Möglichkeit, steuernd auf die Nutzung von Diensten einzuwirken, leisten doch die Altenberatungsstellen einen – wenn auch eingegrenzten Beitrag – zur Koordination von Leistungen und Leistungserbringung im Kontext unseres gegliederten Systems sozialer Sicherung (Bundesministerium für Familien, Senioren, Frauen und Jugend. 2002, S. 339f).

Mit dem Zusammenschluss der Altenberatungsstellen in einer Bundesarbeitsgemeinschaft Altenberatung sind die Chancen zu eine flächendeckenden Etablierung als eigenständiges Angebot mit fachlicher Profilierung an (BAGA) eröffnet.

Vorläufiges Resümee

Vor einigen Tagen seufzte eine Mitarbeiterin der Kasseler Beratungsstelle in einer Mischung von Resignation und Amüsement angesichts einer besonders verzwickten Anfrage: » *Wir bekommen auch immer nur die schrägen Sachen.* « Ja, möchte man antworten, wohin sollte man sich diesen Fällen sonst auch wenden?
– Menschen die sich für ihr hohes Alter auf vielfältige Weise vorbereiten oder es einfach gelassen abwarten wollen,
– Familien, denen die Beantragung von Pflegegeld keine Schwierigkeiten macht und die sich einen Pflegedienst aus dem Telefonbuch suchen,
– Kinder, die sich einig sind, wie mit der Demenz der Mutter umzugehen ist, nutzen die Altenberatung, um zusätzliches Informationsmaterial abzuholen oder sich Bestätigung für ein bereits beschlossenes Handeln durch einen neutralen Zuhörer zu gönnen.

Doch es sind die eingangs beschriebenen Konstellationen komplexen Hilfebedarfs, die den spezialisierten Fachdienst (er)fordern. Für die Altenberatung gilt, was Wendt für die sozialarbeiterische Beratung insgesamt feststellt: »Menschen, die eine Beratungsstelle aufsuchen, haben sich gewöhnlich schon selber beraten: Mit sich allein, in ihrer Familie, mit Nachbarn und Freunden.« Mitunter können gerade Ältere auf ganze »Beratungskarrieren« zurückblicken: Gespräche mit vielen Instanzen liegen hinter ihnen, bei keiner erhielten sie die Unterstützung, nach der sie suchten. Altenberatung tut deshalb gut daran, sich dieser vorangehenden Prozesse bewusst zu sein und an sie anzuknüpfen. Denn oft genug werden sie nicht nur in Beratungen eintreten, die anderswo ihren Anfang nahmen, sie werden auch Beratung leisten, die in anderen Konstellationen und ohne sie ihren Fortgang findet (Wendt 2002, S. 98).

Angesichts der jüngsten Aufwertung der Beratungsbesuche nach § 37, die der Gesetzgeber mit dem Pflegeleistungs-Ergänzungsgesetz vorgenommen hat, bietet sich gerade für ambulante Dienste und die dort tätigen Pflegekräfte eine Chance, qualitätssichernd die häusliche Pflege zu unterstützen. In der Verengung auf die Profession der Pflege liegt allerdings die Gefahr, dass die Beratung breitere Handlungsalternativen ausblendet. Zudem haben viele Pflegedienstmitarbeiterinnen und –mitarbeiter nur vage Vorstellungen über die Aufgaben und Möglichkeiten dieser Einsätze, auch wenn sie sie durchführen. (Bundesministerium für Familie, Senioren, Frauen und Jugend, 2002, S. 257)

So wäre von einem Angebot der Altenberatung auch zu erwarten, dass sie älteren Menschen (und ihren Angehörigen) den Zugang zu den rehabilitativen Angeboten der Psychotherapie bahnt, die sich allerdings ebenfalls auf eine veränderte Nachfrage einzustellen hätten. Denn wo findet derzeit etwa die Lebenssituation pflegender Angehöriger vor dem Hintergrund ihrer Familiengeschichte und ihrer eigenen Zukunftsperspektive Eingang in medizinische Behandlungskonzepte und psychotherapeutische Gesprächsangebote? Zu Illustration eine (letztes) Beispiel:

Ein seit etwa fünf Jahren seine an Demenz erkrankte Ehefrau fürsorglich betreuender 78-jährigen Mann wandte sich an uns. Es bot sich ihm die Möglichkeit einer neuen Partnerschaft und er wünschte sich professionelle (psychologische, psychotherapeutische) Beratung bei der Klärung seiner Situation. Die angefragte Familienberatungsstelle, die uns angesichts eines selbst im vorgerückten Alter stehenden Leiters geeignet erschien, verwahrte sich gegen die Anfrage mit der Begründung, für Pflegefragen nicht zuständig zu sein... Hier scheint ein alltagstheoretisches Verständnis von aufopfernder Familienpflege den professionellen Blick auf die fortbestehenden Wünsche nach individueller Lebensgestaltung verstellt zu haben.

Altenberatung versteht sich also auch als Mittlerin, an die sich Ratsuchende mit den unterschiedlichsten Anliegen wenden können, und die verlässlich auf dem mitunter »schrägen« Wege des Altwerdens weiterhilft. Dies aber wird ihr nur gelingen, wenn sich das Netz unterstützender Hilfen – einschließlich der Psychotherapie – weiter auffächert.

Ich danke meinen Kolleginnen Christa Feldner, Petra Engelhardt und Elisabeth von Soest für die Schilderung ihrer Alltagspraxis. Hilfreiche Anregungen gab Claudia Braun von der Beratungsstelle für ältere Menschen und deren Angehörige e. V. Tübingen.

Literatur

BAGA. Bundesarbeitsgemeinschaft für Alten- und Angehörigenberatungsstellen in Kooperation mit der Alexianer Krankenhaus GmbH. (1999): Wege aus dem Labyrinth der Demenz. Bezugsadresse: EGZB Beratungs- und Koordinationsstelle für ältere Menschen, Reinickendorfer Straße 61, 13347 Berlin

Bundesministerium für Familien, Senioren, Frauen und Jugend: Vierter Bericht zur Lage der älteren Generation. Berlin 2002.

Klie, T et al (Hrsg.) (2003): Die Kasseler Studie zur Pflegebereitschaft. Hannover (Vincentz)

Korte, W (1987): Die mühselige Professionalisierung. Sozialarbeit und Pflege in der ambulanten Gerontopsychiatrie. Ein Forschungsbericht. Köln (Kuratorium Deutsche Altershilfe).

Schubert-Hadeler, B (2002): Beratung pflegender Angehöriger. Ein Strukturmodell. In: BKK-Landesverband Hessen (Hrsg.): Innovation (in) der Pflege. Frankfurt (Mabuse).

Wendt, WR (2002): Rat finden in Kooperation. Die Soziale Arbeit braucht einen eigenständigen Begriff von Beratung. In: Blätter der Wohlfahrtspflege 5/6: 97–99.

»Womit habe ich das verdient?« Pflegerische Aufnahme von älteren psychisch kranken Patienten

Sabine Wachs und Johannes Kipp

Zusammenfassung:

Der Erstkontakt mit psychisch kranken alten Menschen wird oft von vielen Schwierigkeiten begleitet. Gerade bei demenziell erkrankten Menschen treten bei der Aufnahme in die Klinik häufig Angst, Ablehnung, Unsicherheit und Orientierungslosigkeit auf. Der pflegerische Umgang mit den Betroffenen und ihren Angehörigen erfordert ein hohes Maß an Verstehen und Einfühlung durch das Pflegepersonal. Keine andere Berufsgruppe in der Klinik muss sich so nah mit den Defiziten und Verlusten dieser Patienten auseinandersetzen. Jedoch ermöglicht diese intensive Beziehung auch die Chance, frühere Kompetenzen und die »frühere Person« kennenzulernen. Der Artikel möchte anregen, den Erstkontakt in der Klinik als eine vorsichtige Beziehungsaufnahme zu gestalten und die auch notwendigen pflegerischen Maßnahmen gegebenenfalls zurückzustellen, um dann auf der Grundlage einer sich entwickelnden Beziehung die weitere Pflege zu gestalten.

Schlüsselwörter: Psychiatrische Pflege, Erstgespräch, Beziehungsarbeit, Gerontopsychiatrie

Abstract: »What have I done to deserve this?« Sensitive Approach to the Admission of Elderly Mentally Ill Patients

The initial contact with psychogeriatric patients is often highly problematic. In particular, patients suffering from dementia often display anxiety, rejection, insecurity and lack of orientation on admission to hospital. The appropriate handling of such patients and their relatives requires a considerable degree of understanding and sensitivity on the part of the nursing staff. No other professional group at the hospital is confronted so closely with the deficits and losses of these patients. Yet this intensive relationship also provides the opportunity to get to know the »former person«. The aim of this article is to provide an incentive to use the initial contact at the hospital for the discreet establishment of a relationship and possibly to defer the necessary medical care so that further care can then be based on a developing relationship.

Keywords: Psychiatric care, initial interview, establishing a relationship, psychogeriatrics

Klinik für Psychiatrie und Psychotherapie, »Ludwig-Noll-Krankenhaus« Klinikum Kassel GmbH.
    Struktur: Fünf gemischte Stationen mit jeweils 20 Betten. Die Arbeit erfolgt in einem multiprofessionellen Team, wobei für jeden Patienten ein Arzt und eine Pflegekraft als Bezugsperson zur Verfügung stehen. Um bei kurzen Verweildauern (durchschnittlich 17 Tage) eine Beziehungskonstanz zu ermöglichen, bleiben Arzt und Bezugsperson nach der Entlassung und bei Wiederaufnahmen für den jeweiligen Patienten zuständig.

Pflegerische Aufnahme auf der Station

Am besten verdeutlicht ein Fallbeispiel die Tätigkeit einer Pflegekraft als Bezugsperson:

Frau L. wird am Vormittag telefonisch angekündigt. Sie wartet mit ihrer Tochter an der Pforte, wo ich sie (nach klinikinterner Leitlinie) abhole. Mit meinem Kollegen ist abgesprochen, dass ich mich um Frau L. als Bezugsperson kümmern werde. Nach dieser Abklärung stehe ich für einen längeren Zeitraum dem normalen Stationsablauf nicht zur Verfügung. Auf dem Weg zur Pforte ertappe ich mich bei dem Gedanken, Frau L. möge hoffentlich nicht zu verwirrt und damit nicht zu schwierig bei der Kontaktaufnahme sein.
    An der Pforte sitzen zwei Frauen, beide sind sehr gepflegt. Ich gehe davon aus, dass die jüngere Frau die Tochter ist, denn neben der älteren steht ein Rollator. Beide wirken sehr angespannt und hilflos. Als ich die ältere Frau anspreche und nach ihrem Namen frage, lächelt sie mich unsicher an, antwortet aber nicht. Ich bin irritiert und versuche Kontakt über die Toch-

ter herstellen. Ich stelle mich vor und erkläre, dass wir jetzt gemeinsam auf die Station gehen werden. Ich merke, wie Frau L. mich jetzt ignoriert und mir das Gefühl gibt, ich sei Luft. Ich habe keine Chance direkten Kontakt mit ihr aufzunehmen, sie macht nur, was ihre Tochter ihr vorgibt. Die Tochter hakt sie ein, ich nehme die Taschen und fühle mich kurze Zeit wie ein »Hotelboy«. Ich sehe, wie wichtig es für beide Frauen ist, sich zu stützen, und halte ich mich zurück. Als ich auf der Station die Fahrstuhltüre öffne, schlägt uns aus dem gegenüberliegenden Raucherzimmer eine Qualmwolke entgegen. Ein junger psychotischer Patient geht auf uns zu und fragt: »Sind Sie meine Gebärmutter?« Ich kenne ihn gut und kann über seine Bemerkung innerlich schmunzeln, aber wie erschreckt müssen Frau L. und ihre Tochter sein. Unsere Anspannung wird merklich größer. Frau L. sagt, dass sie hier nicht bleiben möchte und nach Hause wolle. Die Tochter wirkt schockiert, ihre beruhigenden Worte klingen sehr schwach. In solchen Momenten wünsche ich mir einen großen Ventilator für das Raucherzimmer und einen schönen ruhigen Aufnahmeraum.

Ich bin froh, dass wir ein Einzelzimmer frei haben. Im Zimmer setzen sich die beiden Frauen im Mantel an den Tisch. Ich biete einen Tee an, die Tochter bejaht aus Höflichkeit, Frau L. verweigert sich völlig. Sie sitzt am Tisch, als wäre klar, dass sie gleich wieder gehe. Sie sagt immer wieder, dass sie nicht verstehe, was sie hier solle. Sie ist dabei höflich und wütend zugleich. Sie vermittelt mir wortlos, dass weder ich noch ihre Tochter das Recht hätten, sie hier festzuhalten. Ihren Rollator schiebt sie hin und her.

Der behandelnde Arzt kommt ins Zimmer und stellt sich vor. Er fragt Frau L., ob es ihr recht sei, wenn ihre Tochter beim geplanten Gespräch anwesend sei. Vorwurfsvoll gibt Frau L. ihr Einverständnis und betont, dass sie keine Geheimnisse habe. Im darauffolgenden Gespräch wirkt Frau L. sehr kompetent. Sie bagatellisiert die nächtlichen Verwirrtheitszustände und die Sorge ihrer Tochter. Sie gibt sich witzig und charmant, Auskünfte über ihre Lebensgewohnheiten verweigert sie jedoch.

Nach dem Aufnahmegespräch möchte die Tochter gehen. Sie ist aber ganz unsicher, ob sie ihre Mutter einfach so hier lassen kann. Ich versichere ihr, mich um ihre Mutter zu kümmern und sage ihr zu, bei Bedarf mit ihr Telefonkontakt aufzunehmen. Ich weise sie auch auf die langen Besuchszeiten hin.

Als die Tochter gegangen ist, verändert Frau L. ihre Mimik deutlich. Sie zeigt mir gegenüber noch mehr Ablehnung. Sie sitzt mit ihrem Rollator und ihren Taschen am Tisch und dreht mir den Rücken zu. Ich lasse sie einen Moment alleine, gehe über die Station und genieße den Kontakt zu den anderen Patienten, die schon länger hier sind und sich mir wohlwollend zuwenden. Zur Erledigung der Formalitäten hole ich die Aufnahmepapiere und gehe zu Frau L. zurück. Sie möchte nicht kooperieren: den Behandlungsvertrag unterschreibe sie nicht. Sie sei schließlich nicht freiwillig hier. Mein Angebot, ihr die Räume zu zeigen, lehnt sie auch ab, da sie ja von ihrer Tochter wieder abgeholt werde. Sie brauche mich nicht, sie käme alleine zurecht, sie sei überhaupt nicht krank und völlig falsch hier, Essen und Trinken werde sie zu Hause. Mit dieser Haltung macht sie mich hilflos. Ich fühle mich ohnmächtig und es tut mir aber auch leid, nichts für sie tun zu können. Auf dem Stationsflur wird es nun auch noch unruhig. An den Stimmen erkenne ich, dass Herr W. und Frau H. sich streiten. Soll ich rausgehen und versuchen zu schlichten? Frau L. reagiert ängstlich und sagt mehrmals: »Womit habe ich das verdient!« Ich bleibe bei ihr mit dem Gefühl, sie nicht allein lassen zu dürfen. Glücklicherweise wird es bald wieder ruhig auf der Station und ich entspanne mich.

Frau L. will jetzt den Schlüssel für die Zimmertür, sie wolle sich nachts einschließen, morgen komme ihre Tochter. Was ich ihr geben kann, ist der Schrankschlüssel und es ist klar, dass sie sich dadurch nicht geschützter fühlt. Sie bleibt ablehnend und misstrauisch. Ich lasse sie nun kurze Zeit allein. Der Gong zum Abendessen ertönt, und da mir flau im Magen ist, bereite ich ein Tablett vor, um eventuell gemeinsam mit Frau L. zu essen. Als ich zurückkomme, läuft der Ventilator im Bad. Sie war wohl auf der Toilette, dafür braucht sie also keine Hilfe. Frau L. lässt sich aber nicht verführen, mit mir zu essen, zu Hause esse sie schließlich auch nicht im Schlafzimmer. Sie tut mir leid, sie wirkt klein und erschöpft, zwischen ihrem Rollator und ihren Taschen. Sie zu fragen, ob sie sich hinlegen möchte, erscheint mir unsinnig. Ich folge dennoch meinem Impuls und decke das Bett auf. Sie kritisiert mich, steht auf und faltet die Decke noch mal anders. Ich spüre die Spannung zwischen uns: Ich, die erfahrene Krankenschwester, die schon viele Betten aufgedeckt hat, und sie, die Frau, die weiß, wie ihr Bett gerichtet sein muss. Auf ein Gespräch über Ordnung und Haushalt lässt sie sich nicht ein.

Ich gehe ins Dienstzimmer und will die Aufnahmeunterlagen fertig ausfüllen. Kurze Zeit später spricht mich ein Kollege an. Es herrsche helle Aufregung, Frau L. sei im Nachbarzimmer und suche dort ihre Handtasche.

Auch das noch! Frau L. ist völlig aufgebracht, ihre Handtasche sei in diesem Zimmer. Die Mitpatienten sind sauer, weil sie Angst um ihre Sachen haben und meinen, wir würden nicht genug aufpassen. Sie wollen nicht, dass »die Oma« in ihr Zimmer kommt. Ich hole ihre Tasche aus ihrem Zimmer. Sie beschimpft mich nun heftig, ich sei an ihre Sachen gegangen, geht aber dann mit mir zurück in ihr Zimmer. Ich bin erleichtert, vergesse darüber die heftigen Worte und merke, wie erschöpft ich bin. Wie angestrengt muss sie erst sein? Ich sage ihr, was ich empfinde. Sie beschimpft mich wieder und spricht mir ab zu wissen, wie es ihr gehe. Sie hält die Handtasche fest auf den Schoß gepresst, der Rollator steht griffbereit neben ihr. Ich setze mich zu ihr. Nach einiger Zeit legt sie sich wortlos auf das Bett und schläft ein. Ich bin froh für uns beide.

Der pflegerische Erstkontakt mit älteren Patienten

Für viele ältere Patienten mit einer demenziellen Erkrankung ist es das erste Mal, dass sie in eine psychiatrische Klinik aufgenommen werden. Sie haben Angst und die Aufnahme in die Klinik ist häufig mit dem Gedanken verbunden, nie mehr aus der Klinik heraus zu kommen. Im pflegerischen Erstkontakt geht es darum, primär eine möglichst positive Beziehung herzustellen. Im geschilderten Beispiel gelang es nur, einen solchen Kontakt zur Tochter aufzubauen.

Um dieses Ziel zu erreichen, ist es wichtig, Bestrebungen der aufgenommenen Patienten nach autonomen Entscheidungen nicht so sehr einzugrenzen und vor allem Zeit zu lassen, dass sie sich auf die für sie neue Situation auf der Station einstellen können. Dies klingt einfach, dabei ist es schwer, bei halb freiwilligen Aufnahmen gelassen und freundlich mit kränkenden Zurückweisungen älterer Patienten umzugehen.

Erst wenn ältere Patienten die Aufnahmesituation verkraftet haben, sind weiterführende Gespräche und eine ausführliche Pflegeanamnese sinnvoll. In unserer Klinik hat es sich bewährt, nach einem halbstrukturierten »Gesprächsleitfaden Pflege« die Anamnese zu erheben (Abb. 1).

Praxisbezogene Falldarstellungen

Abb. 1: Gesprächsleitfaden Anfangsgespräch Pflege

Name:_____Frau L._____Station P_2

	Handlungs-bedarf
Zu Beginn des Gespräches stellt man sich als Kontaktperson mit entsprechenden Aufgaben vor. Ziel des Gespräches / der Gespräche ist es, den Patienten mit seinen Problemen und Wünschen kennenzulernen.	

Jetziges Befinden (Wie geht es Ihnen jetzt?) : _Müde, abgespannt, fühlt sich matt._

Wie ist es für sie hierzusein?: _Sie möchte nach Hause, die Tochter soll sie_
abholen.

Weshalb sind Sie in die Klinik gekommen?: _„Weiß ich nicht." Die Tochter und der_
Hausarzt wollen, dass sie überprüft wird.

Allgemeine Zielsetzung (Wünsche)?: _Sie will bald nach Hause, will, dass es ihr_
besser geht.

Sinneseinschränkungen (Sehen / Hören)

Probleme dadurch?: _Kurzsichtigkeit._

Hilfen? (Kontaktlinsen/Brille/Hörgerät u. Batterien)?) : _1 Brille_

Mobilität (Fragen richten sich nach dem Eindruck):

Probleme?) : _Arthrose im rechten Hüftgelenk, sie läuft in gebückter Haltung_
mit Rollator.

Gewohnheiten ?) : _Sie hält sich gerne im Zimmer vor dem Fenster auf._

Erwartungen / Hilfen / Hilfsmittel ?) : _Leitlinie Sturz umsetzen._
Begleitung außerhalb der Station.

Ruhe / Schlaf / Aufstehen:

Probleme _Sie hat Einschlafprobleme, wacht aber auch zwischendurch auf._

Gewohnheiten _Sie trinkt zu Hause vor dem Schlafengehen Pfefferminztee._

„Meine Gewohnheiten werden weniger"

Erwartungen (z. B. an die Schlafsituation hier)_Besser einschlafen zu können, evtl. mit_

Schlaftablette.

Körperfunktionen (Stuhl / Urin / Schweiß - Fragen richten sich nach dem Eindruck):

Probleme _Sie trinkt wenig, um nicht so oft auf die Toilette zu müssen._

Gewohnheiten _Toilettengang nach dem Frühstück._

Hilfen / Wünsche _Keine._

Körperpflege (Fragen richten sich nach dem Eindruck):

Probleme _Sie verweigert die Hilfe bei der Grundpflege, kann nicht alleine_

duschen.

Gewohnheiten _2-3 x wöchentlich duschen._

Hilfe / Wünsche _„Ich mache das alleine."_

Spezielle körperliche Pflegemaßnahmen:

Schmerzen / Wunden / Salben / Augentropfen / Schrittmacher / Allergien / Überempfindlichkeiten

Oft Schmerzen in den Beinen.

Hilfen? _„Wenn es doch Hilfe gäbe."_

Kleidung:

Probleme _Sie hat sehr schöne teure Anziehsachen, die im Trockner verdorben_

werden.

Wünsche / Hilfen _Die Tochter soll die Wäsche waschen._

Praxisbezogene Falldarstellungen

Ernährung:

Probleme _Wenig Appetit, sie trinkt nicht ausreichend._

Gewohnheiten / Vorlieben _Selbstgemachte Nudeln, Linsensuppe, Pellkartoffeln._

Wünsche _„Ich habe keine Wünsche." Sie isst gerne im Zimmer._

Zwischenmenschliche Beziehungen/Scham/Liebe/Enttäuschung/Sex - Intimbereich achten!)

Probleme _„Bin übrig geblieben." Der Ehemann ist verstorben, die Ehe war gut,_
einziger Kontakt Tochter und Besuch von der Tochter.

Gewohnheiten und Wünsche _____

Soziale Beziehungen / Freizeit / Beruf / Hobby:

Probleme _Keine sozialen Beziehungen mehr, Freundinnen alle verstorben,_
sicher viele Wünsche an die Tochter, will diese aber nicht belasten.
schlechtes Gewissen. Hobbys hat sie keine mehr.

Gewohnheiten _____

Wünsche _Sie schaut gerne aus dem Fenster, macht sich so ihre Gedanken._

Gesamteindruck (Verhalten und Beziehungen im Gespräch)

Sie freut sich, dass ich mir Zeit für sie nehme. Sie kann sich gut ab-
Grenzen, wenn es zu dicht wird. Orientierungsprobleme tauchen beim Thema
Aufnahmesituation auf. Beim Thema Defizite im Alter verweist sie auf
mein Alter, wirkt traurig, was ich gut nachvollziehen kann. Solche Momente
überspielt sie dann schnell mit Humor und Selbstironie. Ich finde sie sehr
sympathisch und angenehm.

Handlungs-
bedarf

Datum:_____   Unterschrift:

Bei der Erstellung dieses Leitfadens wurde darauf geachtet, dass die erhobenen Informationen sich nicht oder nur am Rande mit denen der ärztlichen Anamnese überschneiden. Außerdem macht die Gestaltung des Gesprächsleitfadens es möglich, das Gespräch relativ frei zu führen und auf den Patienten einzugehen. Da es sich bei dieser Form des Anamnesegesprächs um eine klar definierte Aufgabenstellung handelt, ist es den Bezugspersonen möglich, sich innerhalb des Pflegeteams auch dann zeitweise abzugrenzen, wenn auf der Station hoher Arbeitsdruck herrscht. Da ältere Kranke oft das Gefühl haben, zur Last zu fallen, ist es wichtig, das Selbstwertgefühl dieser Patienten zu stärken, indem man sich wirklich Zeit nimmt. Ständige Unterbrechungen während des Gesprächs werden in der Regel als sehr kränkend empfunden und können den negativen und depressiven Gefühlskreis der Patienten verstärken. Wenn alle Teammitglieder die Aufgabe als Bezugsperson wahrnehmen, wird von den Kollegen meist auch akzeptiert, dass dafür genügend Zeit eingeräumt werden muss.

Die halbstrukturierte Vorgehensweise ist eine gute Möglichkeit die Beziehung zu den Patienten zu strukturieren. Wenn das Gespräch auszuufern droht, kann mit dem Hinweis auf weitere Fragen des Gesprächsleitfadens der Redefluss bei Bedarf gestoppt werden. Neue Mitarbeiter sehen in dem Bogen eine Hilfe, der Aufgabe als Bezugsperson gerecht werden zu können. Ein solches Gespräch mit einem neu aufgenommenen Patienten führt dazu, dass die Bezugsperson von diesen als kompetenter Gesprächspartner empfunden und akzeptiert wird.

Bereits im Erstkontakt ist uns das Prinzip der Bezugspersonen wichtig. Wir halten es für falsch, wenn, wie auf vielen medizinischen Stationen, Patienten Kontakte mit ständig wechselnden Pflegekräften haben. Eine solche Organisation der Pflege kann leicht negative Gefühle auslösen. Gefühle der Unsicherheit, Angst, Hilflosigkeit und Wut treten auf, die vom Pflegeteam nur schwer aufgefangen werden können.

Als Bezugsperson ist man natürlich nicht allein für die Pflege eines Patienten verantwortlich – auch bei uns gibt es eine fünf-Tage-Woche. Wichtige Pflegeinformationen und Absprachen müssen deshalb allen Teammitgliedern zur Verfügung stehen, um die vereinbarten Pflegemaßnahmen umzusetzen. Hier gibt es ein weiteres Dokumentationsblatt (Abb. 2), das direkt nach der Aufnahme ausgefüllt wird und in dem die pflegerelevanten Informationen zusammengefasst sind.

						Aufnahme/Verlauf / Pflege

Name: Frau L.

Essen /Trinken	0	1	2	3	4	Ausscheidung	0	1	2	3	4
Essen				X		Stuhl			X		
Trinken			X	X		Urin		X			
Körperpflege						**Bewegung / Lagerung**					
Waschen			X			Fortbewegung			X		
Duschen/Baden				X		Lagerung		X			
Zahn- / Mundpflege			X			Krankengymnastik			X		
Haarpflege	X					**Kleidung**					
Rasieren	X					An- / Auskleiden		X			

0 = keine Hilfe, 1 = Anleitung, 2 = Beaufsichtigung, 3 = Unterstützung, 4 = volle Hilfe

Pflegeprobleme: 1. Aufnahme gegen ihren Willen
2. Orientierungsstörungen
3. Weglauftendenz
4. Kein Durstgefühl wenig Appetit
5. Schlafstörungen, nächtl. Halluzinationen
6. Sturzgefahr

Sicherungsvorkehrungen: Ausgang Pers. evtl. geschl. Tür
Kostform: VK

Pflegeplanung nach Leitlinien (z. B. Sturz, Sucht, Dekubitus ...)
nein / ja. Sturz und

Datum	Welche speziellen Pflegetätigkeiten sind notwendig?	Umsetzung sofort	Hz
3.0.2.4.	1. für Wohlbefinden u. Sicherheit sorgen Beziehung aufbauen 2. Orientierungshilfe anbieten 3. Ausgang Personal Beziehung halten 4. Getränke anbieten und kontrollieren, ebenso Speisen 5. Schlaf beobachten, Verhalt. beobacht. übe. Angskrden, Med. Einnahme Kontrolle		

Datum: 7.2.03   Unterschrift:

Probleme des pflegerischen Erstgesprächs mit älteren Menschen

Beschreibungen über den pflegerischen Erstkontakt mit älteren Patienten haben wir in der Literatur nicht gefunden. Publizierte Formen der psychiatrischen Pflegeanamnese gehen meist von sehr strukturierten Fragebögen aus, durch deren Einsätze die Aufnahme einer einfühlsamen Beziehung gestört wird. So wird beispielsweise in einem Buch über Pflegediagnosen ein Schema vorgelegt (Townsend 2000), nach dem bei der Pflegeanamnese zuerst nach genetischen Einflüssen der Erkrankung gefragt werden soll. Bei einem solchen Vorgehen kann sich sicher keine vertrauensvolle Beziehung entwickeln, insbesondere dann nicht, wenn man weiß, was ältere Menschen über Psychiatrie, Vererbung und »lebensunwertes« Leben früher gelernt haben.

Dagegen sind Aussagen zur menschlichen Einstellung beim Erstkontakt von Dörner u. Plog (1992) für unsere Arbeit hilfreich:»Wenn ich meinen Anteil an der Begegnung durch Wahrnehmung meiner Gefühle besser verstehe und wenn ich erkenne, welches die Bedingungen des bisherigen Problemlösungsverhaltens sind, habe ich die Voraussetzung für die Normalisierung der Beziehung geschaffen. Wichtig ist, dass ich mir dabei Zeit lasse und gründlich arbeite, nicht nur bekannte Wege gehe, sondern auch Trampelpfade und Schleichwege zulasse und dass ich mich nicht nur durch Vorschriften und Regeln beherrschen lasse, sondern mich auf einen Erkenntnisvorgang einlasse, der auch originelle Lösungen hervorbringen kann« (S. 49). Mit unserer Vorgehensweise, die wir beispielhaft beschrieben haben, hoffen wir diesem Anspruch teilweise gerecht werden zu können.

Zu hohe Forderungen und Normen, die die Dokumentation und die Qualitätssicherung betreffen, behindern unter Umständen eine positive Aufnahme von Beziehungen. Auch die Langsamkeit älterer Menschen wird bei einer zu strukturierten Vorgehensweise nur ungenügend berücksichtigt.

In vielen Lehrbüchern zur psychiatrischen Pflege (z. B. Thiel u. Jensen 1997, Needham 1991) wird entsprechend der körperlichen Pflege gefordert, das Pflegeproblem unabhängig von der zwischenmenschlichen Beziehung zu definieren, um dann Maßnahmen zur Abhilfe zu ergreifen. Diese Vorgehensweise ist gerade bei älteren, ängstlichen und wahnhaften Patienten nicht sinnvoll. Vielmehr ist ein vorsichtiges Umgehen auch dann sinnvoll, wenn rasche Maßnahmen angezeigt erscheinen. Beispielsweise war Frau L. in unserem Beispiel exsikkiert, trotzdem wurde am Aufnahmetag auf eine erzwungene Flüssigkeitszufuhr verzichtet. Eingreifende Maßnahmen, die nur mit Zwang durchgeführt werden können, sind nur dann am Aufnahmetag angezeigt, wenn Lebensgefahr besteht.

Wenn ältere Menschen auf nur halb freiwilliger oder gezwungener Basis in die psychiatrische Klinik kommen, versuchen sie in dieser kränkenden Situation ihre Hilflosigkeit abzuwehren, indem sie zum Beispiel Pflegekräfte abwerten oder zurückweisen. Es ist deshalb wichtig, sich von der Erwartung frei zu machen, man würde als hilfreiche Pflegekraft sofort akzeptiert. Vielmehr sollte man sich von vornherein klar machen, dass solche Entwertungen häufig auftreten und nicht persönlich aufzufassen sind. Darauf weisen Kipp u. Jüngling (2000) hin: »Erfahrungen in der Pflege alter Menschen, idealisiert oder entwertet oder gegeneinander ausgespielt zu werden, sind häufig. Wenn Pflegekräfte, durch das Lob angespornt, sich besonders engagieren, ist die Gefahr der Enttäuschung und Kränkung nahe.« (S. 32)

Um die professionellen Aufgaben dabei nicht aus den Augen zu verlieren, ist es notwendig, über solche Beziehungsschwierigkeiten im Team zu sprechen. Supervision kann hilfreich sein. In der Regel ist es in der Aufnahmesituation nicht angezeigt, ältere Patienten in der Krise auf diese Konflikte anzusprechen. Nur selten, wenn einen die Entwertungen zu persönlich treffen, ist es sinnvoll, sich aus der Beziehung zurückzuziehen und eine Kollegin oder einen Kollegen um Vertretung zu bitten.

Fazit

Psychiatrische Pflege geschieht nicht nur »aus dem Bauch heraus«. Der Erstkontakt dient neben aller Behandlungsplanung der Aufnahme einer positiven Beziehung. Interesse daran, was ältere Patienten im Gespräch mitteilen, auch wenn sie deutliche Merkfähigkeits- und Gedächtnisstörungen haben, ermöglicht das Kennenlernen früherer Kompetenzen und Ressourcen. Dabei ist eine einfühlsame Zusammenarbeit mit den begleitenden Angehörigen nützlich.

Literatur

Dörner K, Plog U (1992): Irren ist menschlich. Bonn (Psychiatrie-Verlag).

Kipp J, Jüngling G (2000): Einführung in die praktische Gerontopsychiatrie. München (Reinhardt).

Townsend MC (2000): Pflegediagnosen und Maßnahmen für die psychiatrische Pflege. Bern (Huber).

Thiel H, Jensen M (1997): Klinikleitfaden Psychiatrische Pflege. Lübeck, Stuttgart, Jena, Ulm (G. Fischer).

Needham J (1991): Pflegeplanung in der Psychiatrie. Basel (Recom).

Anzeige

DANIEL PAUL SCHREBER

DENKWÜRDIGKEITEN EINES NERVENKRANKEN

Herausgegeben von Gerhard Busse

BIBLIOTHEK DER PSYCHOANALYSE

PSYCHOSOZIAL-VERLAG

2003
607 Seiten · gebunden
EUR (D) 39,90· SFr 66,70
ISBN 3-89806-262-7

Die Denkwürdigkeiten eines Nervenkranken erschienen im Jahre 1903, also vor genau 100 Jahren. Ihr Verfasser Daniel Paul Schreber, ein hoher Richter am damaligen sächsischen Oberlandesgericht, berichtet darin von den höchst merkwürdigen Vorkommnissen, deren Zeuge er in den langen Jahren seines Aufenthaltes in den psychiatrischen Anstalten des Königreichs Sachsen geworden war. Sein Buch sollte der Menschheit die Augen öffnen. Denn das, was seine Ärzte für Paranoia hielten, sei in Wahrheit, so Schreber, Teil einer gegen ihn gerichteten, gigantischen Verschwörung seines Psychiaters Prof. Flechsig und Gott. Ziel der ganzen Operation – von Schreber als »Seelenmord« bezeichnet – war die Erschaffung einer neuen Menschenwelt aus seinem Schoße.

Schreber gilt heute nicht nur als der meistzitierte Patient in der Geschichte der Psychiatrie, sondern sein Buch hat eine Vielzahl weiterer wissenschaftlicher Disziplinen beflügelt: Historiographie, Philosophie, Theologie, Literaturtheorie, Linguistik, Zeitgeistforschung, Pädagogik, Soziologie, um nur die wichtigsten zu nennen.

P⊞V
Psychosozial-Verlag

»Müssen Sie das wirklich alles wissen?« – Erstgespräch in der Gerontopsychosomatik

Meinolf Peters, Sigrid Hübner und Caroline Manaf

Zusammenfassung:

Geschildert wird eine 78-jährige, multimorbide Patientin, die mit erheblicher Skepsis in die psychosomatische Behandlung kam. Eine gering entwickelte Motivation der Psychotherapie gegenüber ist bei zahlreichen Patienten in der Gerontopsychosomatik gegeben. Es werden Besonderheiten der Aufnahmesituation und der Eingangsszene sowie des Erstgesprächs in einer gerontopsychosomatischen Abteilung geschildert. Dabei geht es nicht allein um diagnostische Fragen. Von Beginn an steht im Vordergrund, eine therapeutische Beziehung aufzubauen, Psychotherapiemotivation zu entwickeln und Patienten in einen therapeutischen Prozess zu involvieren. Auf die große Unterschiedlichkeit älterer Patienten ist hinzuweisen, allzu grobe Typisierungen werden dem Phänomen der Altersdifferenzierung nicht gerecht.

Schlüsselwörter: Gerontopsychosomatik, Erstgespräch, Psychotherapiemotivation, therapeutische Beziehung, Tanz- und Bewegungstherapie

Abstract: »Do you really have to know all that?« Initial Interview of Gerontopsychosomatic Patients

An 78-year-old multimorbid woman with several deseases, who had come to the clinic with some scepticism is presented. A not developedlack of motivation for psychotherapy has been found by in many gerontopsychosomatic patients in gerontopsychosomatic. Some special aspects of the beginning of treatment and the first contact are described. In tThis contact is not confined to diagnostic questions; are not alone the request, but it is also important to developing the therapeutic relationship, to providethe motivation for treatment and to start a therapeutic process. Nevertheless olderHowever, the fact that elderly patients are quite different considerably has, which is to be considered in the opening phase of treatment.

Keywords: gerontopsychosomatic, inpatient therapy, motivation for therapy

Anmerkungen zur Institution: In der Rothaarklinik für Psychosomatische Medizin wurde 1999 eine Abteilung Gerontopsychosomatik und -psychotherapie gegründet. Ältere Patienten werden in der Klinik jedoch bereits seit Beginn der 90er Jahre behandelt. Die Patienten sind zwischen 55 und über 80 Jahre alt. Die Behandlung erfolgt auf tiefenpsychologischer Grundlage, integriert in das Behandlungskonzept sind jedoch auch verhaltenstherapeutische sowie zahlreiche begleittherapeutische Behandlungselemente.

»Müssen Sie das wirklich alles wissen?«

Die im folgenden geschilderte 78-jährige Patientin war mit der Diagnose einer Polyneuropathie (entzündliche Erkrankung der peripheren Nerven) mit phobischer Gangstörung sowie einer depressiven Episode angemeldet. Hinzu kamen weitere körperliche Diagnosen, wie ein Lungenemphysem. Sie war in einer neurologischen Klinik stationär eingehend untersucht worden. Dort wurde die Diagnose einer beginnenden Polyneuropathie bestätigt. Es wurde jedoch auch festgestellt, dass diese die Gangstörung zum gegenwärtigen Zeitpunkt nicht ausreichend erkläre. Deshalb war eine psychosomatische Behandlung veranlasst worden, der die Patientin ohne eigene Überzeugung zugestimmt hatte. Mit Hilfe eines Rollators war sie in der neurologischen Klinik mobilisiert worden, diesen brachte sie auch mit in die Klinik. Wir lernten eine etwas korpulente, pessimistisch und dysphorisch gestimmte Patientin kennen, die den Eindruck erweckte, als verspreche sie sich nicht viel von der Behandlung. Trotz des Rollators musste sie in den ersten Tagen von den Schwestern zu Terminen begleitet werden, so dass rasch ein enger Kontakt zum Pflegepersonal entstand.

Im Erstgespräch erfuhr die aufnehmende Therapeutin von ihr, dass sie sich vor zehn Jahren einer Hüftgelenksoperation hatte unterziehen müssen, die komplikationsreich verlaufen war. Seitdem sei sie auf den Stock angewiesen und hatte Probleme beim Treppensteigen. Seit zwei Jahren nun habe sie

zunehmend Ängste beim Gehen sowie Schmerzen in den Beinen verspürt. Zunächst habe sie nicht mehr allein die Straße überqueren können, ihre Beine hätten unkontrollierbar zu zittern begonnen. Das Zittern habe aber sofort aufgehört, wenn jemand seine Hilfe angeboten habe. Sie war mehrmals gefallen und hatte sich einmal eine Fraktur an der Hand zugezogen. Von der Umwelt habe sie sich völlig zurückgezogen, um Hilfe zu bitten, falle ihr sehr schwer. Früher sei sie immer selbstständig und tatkräftig gewesen, vor allem auch, seit ihr Mann vor 30 Jahren verstorben sei. Ihre schlimmste Befürchtung sei, bettlägerig und pflegebedürftig zu werden. Seit einigen Monaten habe sich das Kniezittern, die Schmerzen und die Schwäche in den Beinen so verstärkt, dass sie gar nicht mehr allein habe laufen können. Mit Hilfe des Rollators, den sie nicht ausstehen könne, könne sie sich wieder etwas in ihrem Haus bewegen. Dieses sei allerdings für sie viel zu groß, dennoch wolle sie es nicht verlassen. Am Ende des Gesprächs überrascht sie die Therapeutin mit der Bemerkung: »Müssen sie das wirklich alles wissen?«

In diagnostischer Hinsicht zeigen diese ersten Informationen eine phobische Entwicklung auf dem Boden einer Polyneuropathie. Ausgehend von einem Autonomie-Abhängigkeits-Konflikt schien sie nach dem Tod des Ehemannes alles getan zu haben, ein unabhängiges Leben aufrechtzuerhalten und jegliche erneute Abhängigkeit zu vermeiden. Autonomiewünsche waren in ihrem Ich-Ideal hoch bewertet, während sie Wünsche nach Bindung und Anlehnung in der Folgezeit aus ihrem Leben ausgeklammert hatte. Unter dem Druck des körperlichen Alterungsprozesses und der Notwendigkeit, Hilfe anzunehmen, drängten diese nun verstärkt hervor, begleitet von Abhängigkeitsangst und –scham. Wie zum Beweis ihrer Unabhängigkeit hielt sie an dem viel zu großen Haus fest. Der Rollator als Sinnbild ihrer Einschränkungen wird zu dem Objekt, an dem sich die Konflikthaftigkeit ihrer Lebenssituation manifestiert.

Die Patientin hatte keinerlei Erfahrungen mit oder Kenntnisse über Psychotherapie, so dass sie in eine für sie völlig neuartige und befremdliche Situation geriet. Die überraschende Äußerung am Ende des Gesprächs, warum denn die Therapeutin das alles wissen müsse, kann als vielschichtiger Kommentar zu dieser Situation gelesen werden. Zunächst einmal scheint die Äußerung ein Unbehagen zum Ausdruck zu bringen, so als fühle sie sich bedrängt und als widerstrebe es ihr, derartig viel von sich Preis zu geben. Dennoch fühlte sich die Therapeutin nicht in Frage gestellt, zurückgewiesen oder reagierte verärgert. Vielmehr entwickelte sie eine zusätzliche Neugier und Interesse an der Patientin, was sie auch in einer freundlich-zugewandten Reaktion auf diese Äußerung hin zum Ausdruck brachte. Diese Gegenübertragung lässt vermuten, dass die Aussage noch anders gelesen werden kann und einen weiteren, verborgenen Sinn enthält. So könnte sie auch als Frage danach verstanden werden, was hier eigentlich mit ihr geschieht, zum Beispiel als Kundgebung eines Missfallens darüber, mit vielen Fragen ohne weitere Aufklärung konfrontiert zu werden und in eine Situation hineingezogen zu werden, die sie nicht selbst gewählt hatte. Dann ließe sich die Äußerung als Ausdruck des Wunsches lesen, mehr an der Gestaltung der Situation beteiligt zu werden, sich aus einer passiven, nur antwortenden Rolle befreien zu wollen, um sich gleichberechtigt erleben zu können. Weiter ließe sich mutmaßen, dass sie eigentlich keine grundlegenden Bedenken hat, sich zu offenbaren und dass sie darin für sich vielleicht sogar eine Chance sieht, jedoch um mehr Kontrolle über die Situation bemüht ist, welche sie mit erheblicher Unsicherheit und Ungewissheit belastet. Auch war davon auszugehen, dass es für die Patientin wie für viele Ältere keineswegs selbstverständlich ist, über sich in derartiger Weise zu sprechen. Dann aber lässt sich ein möglicher weiterer latenter Sinngehalt der Äußerung vermuten: Ist hier wirklich der Ort, an dem ich alles erzählen kann? Kann ich ihnen das anvertrauen und interessiert sie das tatsächlich? Untersucht man die Aussage der Patientin nach einem solch verborgenen Sinn, dann könnte darin eine versteckte, ängstliche Neugier vermutet werden, die zunächst auf Seiten der Therapeutin sichtbar wurde, welche bei der Patientin selbst aber vorerst hinter einer missmutigen Fassade verborgen blieb.

Ins Vorgespräch zur Tanztherapeutin kam sie bereits ohne weitere Hilfe mit ihrem Rollator und eröffnete das Gespräch mit der Bemerkung, es müsse wohl ein Missverständnis vorliegen, mit ihren Bewegungseinschränkungen sei die Tanztherapie wohl nicht für sie geeignet. Mit jemandem wie sie habe sie (die Tanztherapeutin) wahrscheinlich noch nicht gearbeitet. Daraufhin erklärt die Therapeutin, hier müsse nichts Besonderes geleistet werden, sondern man könne mit den Möglichkeiten arbeiten, die der Betreffende mitbringe.

In der Begegnung mit der Tanztherapeutin scheint schon mehr die Angst im Vordergrund zu stehen, weggeschickt zu werden, nicht mehr dazuzugehören, eine Angst vor Ausgrenzung, die bei vielen Älteren virulent vorhanden ist. Die Angst vor Ablehnung angesichts ihrer Gebrechen offenbart sich ebenso wie ihr Wunsch, nicht weggeschickt zu werden. Gleichzeitig aber lässt sie Zweifel erkennen, ob die Therapeutin ihr aufgrund ihres Alters beziehungsweise ihrer Berufserfahrung gewachsen sei. Solch eine Skepsis führt bei vielen Älteren am Anfang einer Behandlung zu vorsichtiger Zurückhaltung. Indem die Patientin ihr Anliegen als Frage formuliert, wirkt es eher wie ein Test, so als ob sie eigentlich doch die Hoffnung hegt, dass es kein Missverständnis sein möge.

Ausgehend von diesem Beispiel sollen nachfolgend einige Aspekte und Besonderheiten des Erstgesprächs, der initialen Behandlungsphase und des Umgangs mit älteren Patienten in einer gerontopsychosomatischen Abteilung erläutert werden.

Kontaktaufnahme und initiale Behandlungsphase

Ein wesentliches Kennzeichen einer stationären Behandlungsmaßnahme in der Psychosomatischen Klinik ist in dem Prozess zu sehen, welcher der eigentlichen Behandlung vorausgeht. Argelander (1970) hatte in diesem Zusammenhang von ›Vorfeldphänomenen‹ gesprochen. Dabei ist nicht nur der behandelnde Arzt und eventuell der Angehörige beteiligt, sondern ebenso der Kostenträger sowie das Aufnahmesekretariat der Klinik, denn oft gehen der Aufnahme zahlreiche Telefonate und Schreiben voraus. In einzelnen Fällen ist auch bereits der Abteilungsleiter involviert, wenn ein Vorgespräch geführt wird. All dies geht in die vom Patienten gebildeten bewussten und unbewussten Erwartungen und Vorstellungen ein und beeinflusst seine Übertragungsbereitschaft, mit der er in die Klinik kommt. Schließlich ist der Patient vor dem Erstgespräch bereits von einer Schwester begrüßt und in das Zimmer geführt worden, meist hat auch bereits eine Hausführung stattgefunden. In der Regel hat auch bereits Kontakt zu einem »Paten« bestanden, das heißt, ein schon länger anwesender Patient hat die Aufgabe übernommen, den neuangereisten Patienten zu unterstützen, um ihm das Hineinfinden in die Stationsgemeinschaft zu erleichtern.

Das Besondere des Erstgesprächs auf einer gerontopsychosomatischen Station liegt somit weniger beim Inhalt und der Gestaltung des Gesprächs selbst, als in seiner Einbettung. Das Erstgespräch steht nicht für sich allein, sondern ist eingebunden in eine Vielzahl weiterer Erstbegegnungen und -kontakte, die alle dazu dienen, den Patienten kennenzulernen, Informationen zu erhalten, eine Beziehung herzustellen und ihn mit einem therapeutischen Klima vertraut zu machen. Hierzu zählen in den ersten Behandlungstagen der Kontakt zu den Schwestern, die ärztliche Aufnahmeuntersuchung, das Vorgespräch bei der Kreativtherapeutin, der Termin im PC-Labor zur testpsychologischen Untersuchung und die Vorstellung beim Abteilungsleiter. Durch die Vielzahl der Eindrücke in diesen Erstbegegnungen entsteht allmählich ein Gesamtbild vom Patienten, das im Teamgespräch Gestalt gewinnt. Dieses Bild setzt sich zum einen aus den gewonnenen Informationen, zum anderen aber aus der sich konstellierenden Gesamtsituation am Beginn der Behandlung zusammen. Diese ist durch szenische Informationen geprägt, in denen das Erlebnis der Situation mit all seinen Gefühlsregungen und Vorstellungsabläufen dominiert (Argelander 1970). Das von Argelander beschriebene ›szenische Verstehen‹ gewinnt im Rahmen der komplexen Situation am Beginn einer stationären Behandlung also eine eigene, besondere Bedeutung. So kann von außerordentlichem Interesse sein, von derjenigen Schwester, die den Patienten begrüßt und aufgenommen hat, zu erfahren, wie sich die Verabschiedung von Angehörigen vollzog und wie die erste Kontaktaufnahme verlaufen ist. Ebenso wichtig kann sein, zu erfahren, wie sich der Patient in der strukturierten Situation der ärztlichen Aufnahmeuntersuchung im Vergleich zum psychotherapeutischen Erstgespräch verhalten hat. Aus all diesen Eindrücken ergibt sich in der Regel rasch ein Bild von den Möglichkeiten und Einschränkungen etwa im Hinblick auf das Strukturniveau des Patienten, die Psychodynamik und seine Beziehungsfähigkeit, so dass sich Indikationsstellung und Prognose genauer erfassen lassen.

Hinweise zum Umgang mit älteren Patienten im Erstgespräch

Eine wesentliche Aufgabe des Erstgesprächs besteht darin, das Krankheitsbild des Patienten zu erfassen und einzugrenzen, um zu einer Diagnose gelangen zu können. Aufgrund der diagnostischen Probleme und Besonderheiten bei älteren Patienten ist dieser Aufgabe mit großer Sorgfalt nachzukommen (Gunzelmann u. Oswald 2002). Dort jedoch, wo es darum geht, einen psychotherapeutischen Prozess einzuleiten, sollte die Diagnostik nicht auf einer deskriptiven Ebene stehen bleiben, sondern Überlegungen zur Psychodynamik einschließen (Eckstaedt 1991, Laimböck 2000). Eine solche umfas-

sendere Aufgabenstellung aber setzt die Mitarbeit und Bereitschaft zur Selbstöffnung auf Seiten des Patienten voraus, wovon aber nicht ohne Weiteres
auszugehen ist. Die meisten älteren Patienten kommen in der psychosomatischen Klinik erstmals mit Psychotherapie in Kontakt, und vielfach ist ihre
Haltung durch mangelndes Wissen, Ängste und Vorbehalte geprägt (Peters
et al. 2000). Das Erstgespräch erleben diese Patienten als ungewöhnliche und
in der Regel irritierende Gesprächssituation. Die vorrangige Aufgabe besteht
zunächst darin, eine geeignete Atmosphäre zu schaffen und zu erhalten. Viele
ältere Patienten verbleiben zunächst in einer zurückgezogenen, ängstlichen,
ja manchmal geradezu ›verstummten‹, gelegentlich aber auch mürrischen
oder abweisenden Haltung. Hierzu trägt nicht nur die Skepsis gegenüber der
Psychotherapie bei, sondern häufig auch Verlusterfahrungen, die sie im
Vorfeld erfahren haben, und die oftmals so einschneidend sind, dass kaum
Hoffnung auf Kompensation besteht. In einer solchen Situation ist eine halt-
gebende Funktion, wie sie von Winnicott (1974) beschrieben wurde, uner-
lässlich, um den Patienten darin zu unterstützen, ein basales Gefühl von
Sicherheit zurückgewinnen zu können. Dies setzt eine freundlich-zugewand-
te, aktive Haltung des Therapeuten voraus (Radebold 1982). Die oftmals
vorgebrachten Klagen über Körpersymptome sollten mit Interesse ›entgegen-
genommen‹ werden, wobei Prinzipien zum Tragen kommen können, wie sie
heute für den Umgang mit somatoformen Störungen empfohlen werden
(Rudolf u. Henningsen 2003). Dabei können auch die Hinweise Morgent-
halers (1991) einbezogen werden, den Patienten nicht so krank, sondern ihn
so gesund wie möglich zu sehen, das heißt, ihn nicht vorrangig in seinen
regressiven, sondern in seinen gesunden Ich-Anteilen anzusprechen, damit er
selbst einen Umgang mit der Regression finden kann.

Wie kann eine solche Haltung zum Ausdruck gebracht werden? Ein erster
Schritt besteht darin, den Patienten über Ziel, Inhalt und Dauer des
Gesprächs aufzuklären. Das trägt dazu bei, die Situation für ihn überschau-
bar und transparent zu machen. Grundsätzlich sollte sich der Patient jeder-
zeit frei entscheiden können, was auch beinhaltet, sich gegen eine Behandlung entscheiden zu können (Lachauer 1982). Auch im Hinblick auf weitere Überlegungen zur Therapieplanung sollte der Patient aktiv einbezogen
werden. Beispielsweise erhalten die Patienten in unserer Abteilung ein Infor-
mationsblatt über Gruppentherapie, in dem auch die interaktionelle und die
themenzentrierte Gruppe erläutert sind. Der Patient wird aufgefordert, selbst
für sich zu klären, welches Verfahren wohl für ihn geeignet ist. Diese Einbe-

ziehung stärkt nicht nur Ich-Fähigkeiten des Patienten, sondern involviert ihn in einen beginnenden Prozess und stärkt die Selbstverpflichtung.

Viele Patienten erleben es als Kränkung, fremde Hilfe in Anspruch zu nehmen und die eigenen Gefühle und Gedanken offen zu äußern. Hinzu kommt, dass sie auch im Vorfeld oftmals Kränkungen oder Enttäuschungen erlebt haben, die in der Psychogenese bei Älteren eine bedeutsame Rolle spielen. Vor diesem Hintergrund und aufgrund der reduzierten Möglichkeiten der narzisstischen Kompensation bei Älteren ist der Schutz der narzisstischen Abwehr von besonderer Bedeutung. Schamgefühle spielen bei Älteren eine große Rolle, wenn sie das Gefühl haben, dass ihnen nach einem erfahrungsreichen Leben dieses aus den Händen geglitten ist. Deshalb sollte eine Bloßstellung des Patienten vermieden werden. Eine selbstwertprotektive Haltung, wie sie auch Franz (1997) im Umgang mit Patienten empfiehlt, die einer Behandlung ablehnend gegenüber stehen, wird durch eine taktvolle Haltung zum Ausdruck gebracht. Die Achtung vor den Bewältigungsleistungen und Bewältigungsversuchen des Patienten trägt zusätzlich zur Renormalisierung des Patienten bei, das heißt zum Wiedererstehen von Hoffnung und Zuversicht.

Vom Erstgespräch zum therapeutischen Prozess

Dem Erstgespräch kommt außerdem die Aufgabe zu, den Patienten an eine psychotherapeutische Behandlung heranzuführen und einen therapeutischen Prozess einzuleiten: Motivationsfunktion und therapeutische Funktion des Erstgesprächs sind zweifellos eng miteinander verknüpft. Ob eine solche Anbahnung einer Psychotherapie gelingt, hängt wesentlich von der Begegnung zwischen Therapeut und Patient ab, wie die Psychotherapieforschung überzeugend nachgewiesen hat. Kommt es bereits im Erstkontakt zu einer gemeinsamen emotionalen Erfahrung, wird eine Basis für die Entfaltung eines therapeutischen Prozesses gelegt. Die initiale Begegnung beider hat eine signifikante prognostische Bedeutung für Verlauf und Ergebnis der Therapie (Rudolf et al. 1988), während emotionale Distanz und Ängstlichkeit die Prognose verschlechtern. Bringt der Patient die Bereitschaft zur therapeutischen Zusammenarbeit mit und trifft einen gleichfalls motivierten Therapeuten, und können sich beide ihre persönliche Wertschätzung vermitteln, ist ein positiver Behandlungsverlauf wahrscheinlich. In der Behandlung Älterer ist eine solche Begegnung jedoch durch eine initial gegebene Nicht-Passung von Therapeut und Patient erschwert. Die unterschiedliche Stellung im Lebenslauf, die damit verbundene unterschiedliche Lebenserfahrung mit einer generationsspezifischen Identifikation, eine häufig gegebene soziologische Distanz einschließlich differierender Bildungsniveaus sowie daraus resultierende voneinander abweichende Sprachstile und Verhaltensgewohnheiten (Garms-Homolova 1988) schaffen diskrepante Behandlungserwartungen, Perspektiven und Bedeutungszuschreibungen. Gelingt es, die initiale Nicht-Passung zu überwinden, kann ein Gefühl des Verstandenwerdens und des Vertrauens entstehen, das zur Grundlage für einen konstruktiven therapeutischen Prozess wird.

In der dem Vorgespräch folgenden tanztherapeutischen Einzelstunde forderte die geschilderte Patientin die Tanztherapeutin zunächst auf, ihr Vorgaben zu machen, wie sie vom Rollator wieder unabhängig werden könne, da sie diesen zutiefst hasse. Die Therapeutin berichtet nun wie folgt: »Wir begannen mit Gehen im Raum zu ruhiger Musik. Frau K. ist sehr musikalisch, sie setzte sofort den Rhythmus der Musik in tänzerisches Gehen mit dem Rollator um. Ich fand gut, was sie tat, Frau K. aber war unzufrieden mit sich, sie litt sehr unter ihrer Langsamkeit. Sie sagte, sie möge Schnelligkeit und habe früher immer alles schnell gemacht. Ich reduziere das Übungsangebot in Bezug auf Raum und Zeit immer mehr, die Bewegungsübungen wurden immer langsamer und bewusster. Zuletzt war es ihre Aufgabe, sich vom Stuhl mit allmählicher Schwerpunktverlagerung nach vorne zu erheben und wahrzunehmen, wie Füße und Beine sich anfühlen, wenn sie das Körpergewicht übernehmen und nach oben drücken. Dazu wurde eine ruhige Flöten- und Harfenmusik gespielt. Frau K's Stimmung veränderte sich. Sie sagte unvermittelt, es sei schön und tue ihr gut, mit ihr zusammen in Ruhe zu üben. Es kam eine genießerische Stimmung und eine Atmosphäre der Ruhe auf. Dann fragte sie mich, ob ich früher in der Oper getanzt hätte. Das verneinte ich und erklärte, ich würde meist mit bodenbetonten Bewegungen arbeiten. Den Bühnentanz fände ich zu abgehoben, um damit therapeutisch arbeiten zu können. Die Patientin sagte, sie habe das nie so gesehen. Sie erinnerte sich nun an bodenbetonte Übungen in der Yoga-Gruppe, die sie lange besucht hatte, zu der sie aber seit zwei Jahren nicht mehr ging. Der Kontakt wurde in diesem Moment sehr dicht und nah. Sie erzählte plötzlich, wie schrecklic der Tod ihres Mannes für sie gewesen war, den sie bis heute nicht ganz überwunden habe«.

Die Opernszene kann als Schlüsselszene im Hinblick auf die Entwicklung einer therapeutischen Beziehung verstanden werden. Ihr kommt die Bedeutung eines ›Beziehungstests‹ zu. Indem die Therapeutin die Frage der Patientin nicht unbeantwortet lässt, um ihre Phantasien sichtbar zu machen und zu deuten, sondern konkret auf die Frage antwortet, kann die Patientin Sicherheit und Vertrauen dazugewinnen. Deutungen tragen in diesem frühen Stadium der Behandlung kaum zur Entwicklung des therapeutischen Prozesses bei. Vielmehr wird durch die ›Antwort‹ die Therapeutin als Person sichtbar, sie vermittelt der Patientin, mit ihr auf einem gemeinsamen ›Boden‹ zu stehen. Dadurch aber wird eine verbindende emotionale Erfahrung gebahnt, die es der Patientin erlaubt, ihre Selbstöffnung und Selbstexploration zu erweitern. Die Therapeutin berichtete später, wie in den darauf folgenden Stunden die Fähigkeiten der Patientin zusehends deutlich wurden, wie sie ihre Ausdrucksfähigkeit in schönen Arm- und Handbewegungen zeigen konnte, wie sie humorvoll und kontaktfreudig wurde. Auf Station wurde sie bei Mitpatienten rasch beliebt, die Gehfähigkeit, ihre Körperhaltung und ihre Stimmung besserten sich zusehends. Im therapeutischen Fokus ging es immer wieder um das Thema Schnelligkeit und Langsamkeit und damit um eine Auseinandersetzung mit den Einschränkungen des Alters. Dadurch kam ein Prozess in Gang, der es der Patientin ermöglichte, sich in der Sozialberatung über weitere Möglichkeiten der häuslichen Unterstützung, wie der Beantragung einer Pflegestufe, zu informieren und erste Informationen über alternative Wohnformen einzuholen.

Literatur

Argelander H (1970): Das Erstinterview in der Psychotherapie. Darmstadt (Wissenschaftliche Buchgesellschaft).

Dantelgraber J (1982): Bemerkungen zur subjektiven Indikation für Psychoanalyse. Psyche 36: 193–225.

Eckstaedt A (1991): Die Kunst des Anfangs. Psychoanalytische Erstgespräche. Frankfurt (Suhrkamp).

Franz M (1997): Der Weg in die psychotherapeutische Beziehung. Göttingen (Vandenhoeck & Ruprecht).

Garms-Homolova V (1988): Die unverschuldete Anspruchnahmeinflation. Analyse der Inanspruchnahme von Versorgung und Diensten durch alte Menschen. Zeitschrift für Gerontologie 21: 5–9.

Gunzelmann T, Oswald WD (2002): Gerontopsychologische Diagnostik. In: Maerker A (Hg.): Alterspsychotherapie und klinische Gerontopsychologie. Berlin (Springer), 111–125.

Haessler L (1979): Zur Technik des Interviews bei ›unergiebigen‹ Patienten. Jahrbuch der Psychoanalyse, Psyche 33: 157–182.

Lachauer R (1982): Motivation und Arbeitsbündnis in der stationären Psychotherapie. Praxis der Psychotherapie und Psychosomatik 27: 117–123.

Morgenthaler F (1991): Technik. Zur Dialektik der psychoanalytischen Praxis. Hamburg (Europäische Verlagsanstalt).

Peters M, Lange C, Radebold H (2000): Psychotherapiemotivation älterer Patienten in der Rehabilitationsklinik – Empirische Befunde. Zeitschrift für Psychosomatische Medizin und Psychotherapie 46: 259–273.

Peters M, Kipp J (2002): Altern zwischen Abschied und Neubeginn. Entwicklungskrisen im Alter. Giessen (Psychosozial).

Radebold H (1982): Probleme der psychotherapeutischen Technik bei neurotischen und reaktiven Erkrankungen im höheren und hohen Lebensalter. In: Helmchen H et al. (Hg.): Psychotherapie in der Psychiatrie. New York (Springer), 302–309.

Rudolf G, Grande T, Porsch U (1988): Die initiale Patient-Therapeut-Beziehung als Prädiktor des Behandlungsverlaufs. Zeitschrift für Psychosomatische Medizin und Psychoanalyse 34: 32–49.

Rudolf G, Henningsen P (2003): Die psychotherapeutische Behandlung somatoformer Störungen. Zeitschrift f. Psychosomatische Medizin und Psychotherapie 49: 3–19.

Schubert W (1990): Der ›geschickte‹ Patient in der psychoanalytischen Sprechstunde – Theoretische und technische Aspekte der ersten Begegnung. Zeitschrift f. psychoanalytische Theorie und Praxis 1: 24–37.

Semel VG (1996): Modern Psychoanalytic Treatment of the Older Patient. In: Zarit StH, Knight BG (Eds.): A Guide to Psychotherapy and Aging. Washington (American Psychological Association), 101–121.

Winnicott DW (1974): Reifungsprozesse und fördernde Umwelt. Frankfurt (Fischer).

Anzeige

Das Aufnahmegespräch
in der Klinik für Psychiatrie und Psychotherapie

Esther Buck und Johannes Kipp

Zusammenfassung:

Das Erst- und Aufnahmegespräch in einer Klinik für Psychiatrie und Psychotherapie hat die Funktion der Beziehungsaufnahme. Es ist Grundlage der
Therapie und Voraussetzung, um die Aufnahmediagnosen stellen zu können,
welche durch weitere somatische und psychologische Untersuchungen abgeklärt werden müssen. Im psychiatrischen Erstgespräch liegt der Schwerpunkt
nicht auf der Klärung der Defiziterfahrung Älterer. Die Erfassung der Symptome und Schwierigkeiten in der Lebenslaufperspektive sowie die Berücksichtigung der intergenerationellen Beziehung von jüngerem Untersucher
und älterem Patienten ermöglicht eine differenzierte Diagnosestellung und ist
Grundlage für eine psychotherapeutische Indikation.

Schlüsselwörter: Erstgespräch, biographische Anamnese, Gerontopsychiatrie, Lebenslaufperspektive

Abstract: The Initial Interview
at a Department of Psychiatry and Psychotherapy

The initial interview on admission to a Department of Psychiatry and Psychotherapy serves to establish relationships. It forms the basis for the therapy
and is a precondition for making the initial diagnoses that will have to be
clarified by further somatic and psychological examinations. In this initial
psychiatric interview, the focus is not on clarifying how elderly persons expe-
rience deficits. Recording the symptoms and problems from the biographic
perspective and taking account of the intergenerational relationship between
younger interviewers and elderly patients permits a differentiated diagnosis
to be made and forms the basis for a psychotherapeutic indication.

Keywords: Initial interview, biographic history, psychogeriatrics, biographic perspective

Institution: Klinik für Psychiatrie und Psychotherapie, »Ludwig-Noll-Krankenhaus« Klinikum Kassel GmbH
Struktur: Psychiatrische Pflichtversorgung 2/3 der Stadt Kassel, 5 gemischte Stationen mit 94 Betten, Gerontopsychiatrischen Zentrum, psychoanalytische Ausrichtung; stationszentrierte Teamarbeit mit externer Teamsupervision.
Leistungsdaten: Ca. 1800 Aufnahmen jährlich, 17 Tage durchschnittliche Verweildauer.
Therapieprogramme für ältere Patienten:
»Gerontogruppe«: Aktivierendes tägliches Gruppenprogramm für demente Patienten.
»Gesprächs- und Erlebnis-Gruppe«: Tägliches Gruppenprogramm für depressive ältere Menschen.

Das Erstgespräch bei der Aufnahme

Die Stationen der Klinik sind, was Krankheitsbilder, Alter der Patienten und Akutheitsgrad der Erkrankung betrifft, durchmischt (Kipp u. Wehmeier 1995). Sie alle haben auch die Funktion von Aufnahmestationen. Wieder aufgenommene Patienten kommen auf dieselbe Station, auf der sie bereits schon früher behandelt wurden. Die Organisation der Aufnahme orientiert sich an einer klinikinternen Leitlinie. Bei Erstaufnahmen werden die Patienten von der künftigen pflegerischen Bezugsperson an der Pforte abgeholt mit dem Ziel, von Beginn an ein kontinuierliches Beziehungsangebot zu machen (vgl. Wachs u. Kipp in diesem Heft).

Die Aufnahmeformalitäten werden in der Regel im Aufenthaltsbereich der Station erledigt. Bei älteren Patienten ist es oft hilfreich, wenn Angehörige in diesen Erstkontakt einbezogen werden. Lässt es der Gesundheitszustand zu, werden aufgenommene Patienten anschließend über die Station geführt und ihnen das Zimmer gezeigt. Der Arzt (oder der Psychologe) führt gemeinsam mit der pflegerischen Bezugsperson das ausführliche Aufnahmegespräch durch. Diese Gesprächskonstellation fördert die Zusammenarbeit im therapeutischen Team. Sie wird auch von den Patienten gerne akzeptiert, wenn das Vorgehen begründet wird.

Das Aufnahmegespräch findet in einem Arztzimmer der Station statt. Da die Aufnahme in eine psychiatrische Klinik für die meisten Patienten mit Angst und Unsicherheit einhergeht, ist es wichtig, gerade am Anfang des Gesprächs zeitlichen Spielraum einzukalkulieren. Leider ist dies nicht immer möglich. In einer Klinik mit Versorgungsauftrag führt der Zeitdruck beziehungsweise der Umgang mit diesem Zeitdruck dazu, dass oft nur eine psychiatrische Exploration im Sinne des Abfragens wichtiger Daten durchgeführt wird. Dies reicht aber für die Klärung einer psychotherapeutischen Indikationsstellung bei weitem nicht aus, so dass zeitaufwändig ein Erstinterview nachgeholt werden muss. Das dazugehörige ausführliche Gesprächsprotokoll wird, ebenso wie der psychopathologische Befund, nachträglich anhand eines Diktatschema diktiert. Die Aufgaben des Erstgesprächs in der Klinik werden im Übersichtsartikel (Kipp in diesem Heft) beschrieben.

Die Praxis eines Erstgesprächs mit älteren Patienten

Obwohl die Aufgaben und Formen des Erstgesprächs in der Klinik grundsätzlich festgelegt sind, verlaufen sie dennoch sehr unterschiedlich. Manchmal sind sie von vornherein sehr fruchtbar und informativ, manchmal aber auch karg. Wichtig ist, die ganze Aufmerksamkeit dem Zuhören zu widmen. Dann ergibt sich oft ein »Gemälde«, ein inneres Bild vom Lebenslauf des neuen Patienten.

Frau D., 80 Jahre (Interviewerin: 32), ist von der Pforte abgeholt worden und wird jetzt, im Aufenthaltsbereich sitzend, von mir ins Arztzimmer geholt. Ich habe ganz widersprüchliche Eindrücke: einerseits wirkt sie verängstigt, andererseits sucht sie Blickkontakt. Trotz ihrer Leidensmiene bewegt sie sich rasch und vital. Ich eröffne das Erstgespräch mit der Frage, wie und warum sie hierher komme und was ihr Anliegen sei. Sie sagt, die Hausärztin habe gemeint, dass sie wieder in die Klinik müsse. Sie selbst könne dazu wenig sagen. Vor einigen Monaten sei sie in einer anderen psychiatrischen Klinik gewesen, dort habe es ihr gar nicht gefallen. Wenn sie schon in eine Klinik müsse, dann auf jeden Fall in eine andere, habe sie ihrer Hausärztin aufgetragen. Die Klinik hier sei ihr von ihrer Hausärztin wie eine Kurklinik geschildert worden. Beim Warten habe sie aber an den anderen Patienten bemerkt, dass dies nicht so sei. Ich bestätige ihr, ihr Eindruck sei richtig, so dass es jetzt Frau D. gelingt, zur Sache zu kommen. Sie habe Schwierigkeiten mit dem Stuhlgang, sie schaut mich leidend, fast anklagend an: »*Ich habe gar keinen Stuhlgang seit Wochen.*« *Sie klagt weiter:* »*Wenn das so weitergeht, muss ich sterben.*« *Während sie ausführlich von ihren Stuhlgangproblemen berichtet und deutlich macht, wie sehr sie sich sorgt und ängstigt, verändert sich ihre Körperhaltung. Sie wirkt in sich zusammengesunken, klagend, zeigt kaum Mimik, wirkt plötzlich älter. Auf die Frage, was in der letzten Zeit passiert sei, antwortet sie bereitwillig. Dabei wird sie im Ausdruck wieder lebendiger und berichtet, dass vor zwei Jahren ihr Mann nach einer Blasenkrebserkrankung mit Knochenmetastasen für sie doch sehr überraschend verstorben sei, obwohl die Hausärztin sie über die Prognose aufgeklärt habe. Auf meine Frage, ob sie mit ihrem Mann über den nahenden Tod habe sprechen können, antwortet sie:* »*Ich habe mit meinem Mann nicht über den Tod gesprochen. Er hätte doch denken können, ich will ihn los sein.*«

Nach dem Tod ihres Ehemanns sei sie gut in der Lage gewesen, alle Angelegenheiten zu regeln, nach dem Motto »*Das Leben geht weiter*«. *Ein Jahr nach dem Tod habe sie eine Pilzinfektion in der Scheide bekommen. Sie habe diese vom Frauenarzt behandeln lassen, sei dann über Weihnachten bei ihrer Tochter gewesen, habe aber weiterhin das Gefühl gehabt, der Pilz sei noch nicht verschwunden. Sie habe immer noch Beschwerden gehabt, deshalb sei sie zwischen Weihnachten und Neujahr zum Notdienst gegangen. Der Gynäkologe dort habe ihr gesagt, dass die Infektion gut behandelt wurde. Ihr sei es aber schlecht gegangen, sie habe sich viele Sorgen gemacht. Drei Monate später sei sie nach einem Suizidversuch in eine psychiatrische Klinik eingewiesen und dort sechs bis acht Wochen behandelt worden. Auf meine Bemerkung, sie habe vielleicht nicht richtig um den Ehemann trauern können, mit dem sie so viele Jahre zusammen gelebt habe, erwidert sie, das könne schon sein.*

Während anfangs ihre Angst um den fehlenden Stuhlgang das Gespräch beherrschte, kann sie jetzt berichten, wie gut es ihr noch vor einem Jahr gegangen ist. Sie sei noch sehr aktiv gewesen und wäre beispielsweise noch Fahrrad gefahren. Jetzt wird kurzzeitig etwas von ihrem früheren Leben sichtbar: Als Lehrerstochter sei sie auf dem Land aufgewachsen. Als ihre drei Kinder aus dem Hause waren, habe sie 53-jährig mit der Arbeit als Sekretärin begonnen und zehn Jahre bis zu ihrem Ruhestand gearbeitet. Nach dieser Schilderung aber ist sie wieder in der Gegenwart und spricht von der Sorge um den Stuhlgang. Obwohl sie zwischendurch recht leben-

dig wirkte, sinkt sie jetzt wieder auf dem Stuhl in sich zusammen, ihre Mimik wird jetzt abweisend und ihre Stimme anklagend.

Die Patientin leidet unter einer typische Altersdepression, bei der Körperbeschwerden im Vordergrund stehen. Fortwährend muss sie über ihren Stuhlgang beziehungsweise dessen Fehlen nachdenken und sprechen. Altersdepressionen treten, dies ist typisch (Kipp u. Jüngling 2000), nach einem freien Intervall nach Verlusten auf. Eine richtige Trauer ist nicht möglich, wenn die frühere Beziehung ambivalent war (Freud 1916). Bei der genannten Patientin wird die Ambivalenz in der Aussage, warum sie nicht mit ihrem Ehemann über den nahen Tod sprechen konnte, deutlich.

Die Aufmerksamkeit der Patientin ist ganz auf die Gegenwart und das Fehlen des Stuhlgangs fixiert. Die Erinnerungen an die frühere Welt wirken immer wieder schemenhaft. Spontan werden nur Fakten ohne Emotion berichtet. Im Gespräch gelingt es zeitweise über ihr früheres Leben mit ihr in eine lebendige Beziehung zu kommen, jedoch zieht sie sich, vielleicht nach unmerklichen Enttäuschungen, immer wieder auf die klagende und anklagende Position zurück. Die Klagen über die körperlichen Beschwerden sind ähnlich der Psychodynamik der Schuldgefühle in der Melancholie (Freud 1916), als Anklage gegen das verlorene und im Verlust introjizierte Objekt zu verstehen. Da die reale Störung der Körperfunktion in solchen Fällen nicht der Schilderung entspricht, kann in den Klagen eine inhaltliche Denkstörung gesehen werden (wahnhafte Depression).

Bei dem Erstgespräch mit einer solchen Patientin können die Merkfähigkeit und das Gedächtnis noch nicht sicher beurteilt werden. Die wiedergegebenen Erinnerungen an das frühere Leben sind eingeschränkt, die Konzentrationsfähigkeit ist reduziert. Dies kann sowohl auf eine Depression zurückgeführt werden, aber auch eine beginnende Demenz ist nicht auszuschließen. Eine umfassende Diagnose ist noch nicht zu stellen. Dazu sind noch weitere Gespräche und Untersuchungen notwendig.

Die Gestaltung des Erstgesprächs hängt auch wesentlich vom Krankheitszustand des Patienten ab.

Herrn B., 84 Jahre (Interviewer: 59 Jahre), treffe ich auf dem Stationsflur, hin- und hergehend. Er ist mit einem Jogginganzug bekleidet. Sein Gang ist kleinschrittig und ungleichmäßig. Als ich zur Begrüßung auf ihn zugehe, gibt er mir die Hand, begrüßt mich höflich mit der Nennung seines Namens. Da er recht unruhig ist, hat er ein Einzelzimmer bekommen und ich fordere ihn auf, mit mir in sein Zimmer zu gehen. Er versteht mich nicht und sagt nur: »Mein Zimmer?« Ich lasse mir von der Bezugsperson zeigen, wo sein Zimmer ist und führe ihn an der Hand dorthin, da er auf meine verbale Aufforderung nicht reagiert. Im Zimmer angekommen, begrüßt er mich erneut höflich. Auf die Frage, wo er sei, sagt er »Zu Hause«, eine weitere Klärung ist nicht möglich. Dabei ist er freundlich und zugewandt. Auf mein Bedauern, dass er wohl Schmerzen beim Gehen habe, sagt er: »Lieber reich und gesund als arm und krank.« Die durchgängig freundlich, fast heitere Stimmung verändert sich nur, wenn ihn Schmerzen plagen – dann reagiert er kurzzeitig sehr zornig, wenn man etwas von ihm will.

Bei einem Patienten mit einer fortgeschrittenen Demenz, einhergehend mit Unruhe, ist es nicht möglich, ein geordnetes Gespräch zu führen. Konturen früherer Erziehung und Lebensform werden in der Begrüßung deutlich. Die Ungewissheit in der Desorientiertheit wird von Herrn B. überspielt, indem er zu jedem, der freundlich auf ihn zugeht, eine vertraute Floskel als Antwort hat. Für kognitive Inhalte hat er kein Interesse. Er fragt nicht nach, wenn er etwas nicht versteht oder wenn er in sein Zimmer geführt wird, das er aber nicht als sein Zimmer wiedererkennt. Offensichtlich kann er sein Selbstwertgefühl besser stabilisieren, wenn er sich nicht mit seinen Defiziten auseinander setzt.

Die Therapieplanung erfolgt in solchen Fällen quasi als Fremdauftrag. In diesem Fall geht es um die Therapie der nächtlichen Unruhe. Die Ehefrau kann ihn auch mit Unterstützung des Pflegedienstes zu Hause nur betreuen, wenn er nachts ruhig ist.

Das Erstgespräch – Zugang zur psychiatrischen und psychotherapeutischen Behandlung

Schemata der Exploration in Psychiatrielehrbüchern beginnen meist mit der Familienanamnese (z. B. Scharfetter u. Faust 1995) oder gar mit Fragen nach körperlichen Erkrankungen (z. B. Möller 1997). Nicht, was dem Patienten am wichtigsten ist, wird zuerst gefragt, sondern was in der Krankengeschichte am Anfang stehen soll. Obwohl diese »gewaltsamen und unangemessenen traditionellen Untersuchungsmethoden« (Redlich u. Freedman 1970, S. 302) schon vor über 30 Jahren kritisiert wurden, sind sie noch immer Standard in den heutigen Psychiatrielehrbüchern. Im neuen Förstlschen Lehrbuch der Gerontopsychiatrie und –psychotherapie wird im Vergleich zu den psychometrischen Untersuchungen nur kurz, jedoch konkret auf die Gesprächsführung eingegangen. »Bei der Exploration älterer Menschen ist es wichtig, den Patienten die Geschwindigkeit und den Inhalt des ärztlichen Gesprächs zunächst selbst bestimmen zu lassen. ... Ebenso hat man sich im praktischen Vorgehen auf die sensorischen und oft auch kognitiven Beeinträchtigungen des Patienten einzustellen. Ein mechanisches Abfragen oder ein unflexibles Beharren auf einem vorgegebenen Anamneseschema während der Exploration kann eine abnehmende Kooperationswilligkeit des Patienten provozieren, wenn er das Gefühl bekommt, dass der Arzt ›nicht richtig zuhört‹«.

Über die speziellen Gesprächs- und Untersuchungsmethoden mit älteren Patienten ist in der psychiatrischen Literatur wenig zu finden. Die Hinweise zur Untersuchung älterer Patienten in der neuen Ausgabe der »Psychiatrie der Gegenwart« (Sims u. Curran 1999, Bd. II, S. 197 ff.) gehen ausschließlich auf die Defizite im Alter ein, mit dem Ziel, altersbedingte von pathologischen Veränderungen zu unterscheiden.

Eine systematische Gesprächsführung kann in den Lehrbüchern zur Psychotherapie und Psychosomatik gefunden werden (z. B. Hoffmann u. Holzapfel1995). Das Erst- und Aufnahmegespräch verläuft günstig, wenn zuerst darauf eingegangen wird, was den Patienten bedrückt. Fühlt er sich dabei verstanden, kann eine positive Beziehung zum Untersucher aufgebaut werden.

Zur speziellen Erstgesprächssituation mit Älteren wird im Lehrbuch zur Gerontopsychosomatik und Alterspsychotherapie (Heuft et al. 2000, S. 240 ff.) beschrieben, wie neben der aktuellen Krankheits- und Lebenssituation (Querschnittsperspektive) die biographische Entwicklung (Längsschnittperspektive) zu erfragen ist. Die Fülle des Materials eines Erstgespräches soll anhand folgender fünf Perspektiven reflektiert werden:
– Veränderungen und Belastungen,
– Beziehungen,
– eigener Körper,
– bisherige Entwicklung,
– private Annahmen.

Eine psychiatrische Exploration allein jedoch ist keine Basis für eine weitere psychotherapeutische Behandlung, da eine Vielzahl emotionaler, averbaler und

1. Personaldaten:
2. Gründe und Art des Kommens:
Überweisung von: angemeldet oder Notfall, Therapie, Rehabilitation. Wegen Neuerkrankung, Verschlimmerung; Besondere Umstände des Kommens, (Zwangserkrankung etc?)

3. Derzeitige Probleme, Beschwerden und Symptome und ihre Geschichte:
Möglichst in wörtlicher Rede die Selbstschilderung des Patienten bringen. Beschwerden auf den verschiedenen Ebenen schildern (körperliche, seelische, interaktionelle und soziale Ebene). Wann und in welcher biographischen Situation haben die Beschwerden begonnen? Wann lagen früher ähnliche Probleme und Beschwerden vor? Welche therapeutischen Hilfen sind in Anspruch genommen worden?

4. Sonstige medizinische Anamnese:
Durchgemachte Krankheiten und Unfälle; Behandlungen und Kuren; frühere Medikamente?

5. Vegetative Anamnese und Biorhythmen: (soweit nicht in 3.)
Schlafen: Einschlaf- und Durchschlafstörungen. Schlafdauer:
Traum: Häufigkeit, Wirkung auf das weitere Erleben. Beispiel eines Traums:
- Appetit (evtl. frühere Essstörungen erwähnen);
- Durst (auch warum Einschränkung der Trinkmengen):
- Stuhlgang (Regelmäßigkeit, welche Abführmittel):
- Miktion (Harnlassen):
- Rauchen:
- Medikamente:
- Allergien:
- Alkohol:
- Drogen:
- Schweißneigung:
- Sonstiges:

6. Familienkonstellation:
Beziehungen in der Kindheit und heute:
- zu Großeltern, soweit auffällig
- zur Mutter – welche Beziehungen (Beruf), auffällige Erinnerungen, besondere Krankheiten der Mutter, wann?
- zum Vater – desgleichen
- zu Geschwistern – desgleichen. Geschwisterfolge berücksichtigen. Geburtsdatum der Geschwister oder Jahre, wie viel sie älter oder jünger sind, aufschreiben
- zum Partner und zu Kindern desgleichen

7. Beziehung und Sexualität: (soweit nicht unter 3.)
Körperliche Entwicklung der Sexualität: Pubertät, Regel, Menopause
Psychische Entwicklung der Sexualität: Aufklärung (wie?)
Einstellung zur Sexualität: Schwierigkeiten? Potenz?
Beziehung zum Partner: Konflikte
Sexuelle Beziehungen (Homo-/Heterosexualität)
Geburten: Geburten wie? Fehl- und Frühgeburten?
Geburtenkontrolle: Unterbrechung? Pille? Sterilisation? Schwangerschaftsabbruch
Scheidung, Trennung, Verwitwung: Reaktionen und Schwierigkeiten

Schulalter: Schule (Leistung, soziale Stellung in der Klasse, Schulabschluß)

9. Beruf und Arbeit, finanzielle Situation:
Berufsausbildung, Arbeitsplatz, Ausscheiden aus dem Beruf
Konflikte
Verdienst, Rente (wenig/viel)

10. Soziales Umfeld, Einstellungen und Interesse in der letzten Zeit:
Soziale Kontakte;
Wohnung (Miete, eigenes Haus);
Religiöse Einstellungen, Werthaltungen;
Interessen und Hobbies;

Schema 1: Diktatschema der psychiatrischen
und psychotherapeutischen Anamnese (nach Kipp und Jüngling, S. 198ff)

szenischer Informationen unterdrückt werden. Ein spontaner, schwacher oder harter Händedruck zur Begrüßung kann beispielsweise den emotionalen Gehalt sprachlicher Mitteilungen oft besser spezifizieren als Fragen nach der Stimmung.

Wer die Vielzahl von Informationen in der menschlichen Begegnung des Erstgesprächs erfassen will, sollte die Aufmerksamkeit nicht durch ein gleichzeitiges Protokollieren einschränken. Bereits ein paar mitgeschriebene Stichworte ermöglichen das Diktat eines differenzierten Anamneseprotokolls, wenn dies direkt nach dem Erstgespräch (Kipp u. Jüngling 2000) erfolgt. Ein entsprechendes Zeitmanagement ist notwendig – nur im Kurzzeitgedächtnis stehen die umfangreichen Informationen eines Gespräches noch zur Verfügung (vgl. Anderson 1996). Am leichtesten erscheint es, ein solches Anamneseprotokoll nach einem Diktatschema zu erstellen (Schema 1), weil dabei überprüft werden kann, was im Gespräch nicht besprochen wurde.

Der psychopathologische Befund braucht in der Regel nach einer ausführlichen Anamnese nicht zusätzlich erhoben werden, da Leistungsfähigkeit, Störungen und Defizite im Anamnesegespräch deutlich werden. Auch hierfür wurde ein Diktatschema entwickelt (Schema 2).

Erstgespräche gestalten sich nicht bei allen älteren, aber besonders häufig bei schwer kranken Patienten sehr schwierig. Bei alten Menschen mit einer

Verhalten und psychischer Befund:
(Hier soll das Verhalten und die Interaktion während des Aufnahmegesprächs beschrieben und hinsichtlich psychopathologischer Kriterien ausgewertet werden)

1. Aussehen, Verhalten, erster Eindruck:
In freier Form ausführlich das Verhalten beschreiben)

2. Gesprächsverhalten:
Freies Erzählen, Frage-Antwort-Spiel, Antrieb, Konfabulation (auf Erinnerungstäuschung beruhender Bericht über vermeintlich erlebte Vorgänge), Perseveration (Hängenbleiben an einem Gedanken oder einer sprachlichen Äußerung)

Aussagen:
Wenig aussagend-normal-übergenau, die Mitteilungen sind eindeutig oder nur symbolisch verständlich, Denkstörungen;
Allgemeine Begabung und Intelligenz;
(Hinweis: Bei Unklarheiten oder spezieller Fragestellung hier psychologische Leistungstests anfordern)

4. Erinnerungen an das frühere Leben:
gut/gering;
Erinnerung an kurz zurückliegende Sachverhalte: gut/gering-
Altgedächtnis: Merkfähigkeit, Konzentration

5. Wissen um die eigene Situation:
Bewusstsein (wach, schläfrig, schlafend, komatös),
Orientierung (Zeit, Ort, Alter, Person),
Wahrnehmung der Situation (Halluzinationen, Illusionen)

6. Gefühle:
Offen-normal-verschlossen,
wechselnd (hoch-tief oder nah-fern),
Gefühle stimmen mit dem vermittelten Inhalt überein

7. Eigene Gefühle und Eindrücke im Gespräch:
Bitte ausführlich beschreiben.

*Schema 2: Diktatschema zum psychopathologischen Befund
(nach Kipp und Jüngling 2000, S. 202)*

schweren depressiven Störung entsteht oft der Eindruck, dass sie anfangs eine ganz große Hoffnung auf den Untersucher richten. Eine Hoffnung, die oft schon nach wenigen Augenblicken einer Enttäuschung weicht, welche sich in entwertenden Worten, wie ›man könne doch nicht helfen‹, zeigt. In solch schweren Fällen scheinen die Patienten nur im gegenwärtigen Leiden zu leben, die Erinnerung an das frühere Leben ist im Krankheitszustand meist auf wenige signifikante Inhalte reduziert, so dass eine geduldige Rekonstruktion der Biographie schon die erste Therapie darstellt.

Bei älteren Menschen mit kognitiven Störungen kommt der ausführlichen Fremdanamnese eine besondere Bedeutung zu. Es ist aber darauf zu achten, dass Angehörige, wenn sie im Erstgespräch dabei sind, den Patienten nicht dauernd zu korrigieren versuchen.

Ergebnisse und Ausblick

Die erhoffte Zeitersparnis durch das Festhalten an einer traditionellen psychiatrischen Explorationstechnik ist bei einem geübten Interviewer kaum mehr vorhanden, wenn man berücksichtigt, dass dieser durch Reflexion seines Erstgesprächs auf die Erhebung eines getrennten psychopathologischen Befundes mit »groben, befremdenden und beleidigenden Fragen« (Redlich und Freedman 1970, S. 319) verzichten kann. Das Zeitargument entfällt ganz, wenn es um die Einleitung einer Therapie im Rahmen der stationären Behandlung geht, da zu diesem Zeitpunkt ein solches Gespräch später zusätzlich durchgeführt werden müsste. Die beschriebene Vorgehensweise in unserer Klinik bewirkt, dass die Hälfte der Psychotherapien im Rahmen der Facharztweiterbildung mit über 60-jährigen Patienten durchgeführt werden, weil diese psychotherapeutisch noch unterversorgt sind.

Nicht zu unterschätzen für das Erstgespräch ist die Bedeutung der Schwerhörigkeit älterer Menschen. Häufig wird diese bagatellisiert und dadurch der Gesprächskontakt sehr gestört, weil die Antworten sich meist nur an einzelnen gehörten und verstandenen Worten festmachen, sonst aber nur eine emotionale Reaktion darstellen. Um hier sicher zu gehen, ist es hilfreich, ältere Menschen ernst zu nehmen und die Störung geduldig zu ergründen.

Eine reine Defizitzentrierung im Erstgespräch mit älteren Patienten verhindert außerdem die notwendige Aufmerksamkeit des Therapeuten, die Beziehung zu älteren Patienten im Generationsverhältnis zu analysieren und sich mit den individuellen sowie den altersentsprechenden Lebensaufgaben des Patienten zu befassen. Dies aber ist notwendig, um für eine weitere individuelle Therapieplanung die Lebenslaufperspektive mit einzubeziehen. Das gilt nicht nur für psychiatrische Erkrankungen, auch in der Psychosomatik (Adler 1995) haben sich solche Vorgehensweisen bewährt.

Fazit für die Praxis

Ein intensives Zuhören in einem wenig strukturierten Gespräch, in dem die Anliegen der Patienten ernst genommen werden (psychotherapeutische Haltung), ist eine positive Basis für die weitere Therapie und kann ohne wesentlich größeren Zeitaufwand in der Klinik gut durchgeführt werden.

Literatur

Adler RH (1995): Anamnese und körperliche Untersuchung. In: Adler RH, Hermann JM, Köhle K, Schonicke OW, Uexküll T v, Wesiack W (Hg): München, Wien, Baltimore, (Urban und Schwarzenberg), 307–321.

Anderson JR (1996): Kognitive Psychologie. Heidelberg (Spektrum. Akademischer Verlag).

Argelander G (1970): Das Erstgespräch. Darmstadt (Wissenschaftliche Buchgesellschaft).

Freud S (1916): Trauer und Melancholie. GW Bd. 10, S. 428–446. Frankfurt am Main (Fischer).

Gutzmann H, Fröhlich L (2003): Klinische Untersuchung und Psychometrie. In: Förstl H (Hg): Lehrbuch der Gerontopsychiatrie und –psychotherapie. Stuttgart (Thieme), 88–106.

Heuft G, Kruse A, Radebold H (2000): Lehrbuch der Gerontopsychosomatik und Alterspsychotherapie. München (Reinhardt).

Hoffmann SO, Hochapfel G (1995): Einführung in die Neurosenlehre und psychosomatische Medizin. Stuttgart New York (Schattauer).

Kipp J, Wehmeier PM (Hg) (1995): Handeln und Atmosphäre im therapeutischen Raum psychiatrischer Abteilungen. Regensburg (Roderer).

Kipp J, Jüngling G (2000): Einführung in die praktische Gerontopsychiatrie. München (Reinhardt).

Kipp J (1997): Zur Psychodynamik von Verlust, Trauer, Kränkung und Depression. In: Radebold H, Hirsch RD, Kipp J, Kortus R, Stoppe G, Struwe B, Waechtler C (Hg): Depressionen im Alter. Darmstadt (Steinkopf), 127–129.

Möller HJ (1997): Psychiatrie. Stuttgart (Kohlhammer).

Redlich FC, Freedman DX (1970): Theorie und Praxis der Psychiatrie. Frankfurt (Suhrkamp).

Scharfetter C, Faust V (1995): Anamnese und psychischer Befund in Stichworten. In: Faust V (Hg): Psychiatrie. Stuttgart, Jena, New York (Gustav Fischer) 57–82.

Sims A, Curran S (1999): Untersuchung von psychiatrischen Patienten. In: Helmchen H, Henn F, Lauter H, Sartorius N: Psychiatrie der Gegenwart Bd. II, 4. Auflage, 177–204.

Das Erstgespräch mit älteren Patienten in der psychoanalytischen Praxis

Eike Hinze

Zusammenfassung:

Das psychoanalytische Erstgespräch mit älteren Patienten sollte nach denselben Grundsätzen wie bei jüngeren Patienten geführt werden. Insbesondere die Rolle des szenischen Verstehens ist wichtig. Daneben ist es unumgänglich, die spezifischen Gegebenheiten der jeweiligen Lebensphase zu berücksichtigen, sich mit der besonderen Gegenübertragung vertraut zu machen und mit dem eigenen Altern auseinanderzusetzen. Gerade bei älteren Patienten hat das Erstgespräch oft auch therapeutischen Charakter. Der Gesprächsauftrag sollte immer angemessen berücksichtigt werden. Die aktive Beteiligung des Patienten bei der Gestaltung des Gesprächs, der therapeutischen Nutzung und oft auch der Indikationsstellung wird häufig unterschätzt. Gerade der ältere Patient braucht ausreichend Zeit, um sich im Gespräch ausbreiten und darstellen zu können. Die einzelnen Facetten des psychoanalytischen Erstgesprächs mit älteren Patienten werden in diesem Beitrag anhand von Fallvignetten dargestellt, wobei besonders auf Probleme in der Praxis eingegangen wird.

Schlüsselwörter: Psychoanalyse, Erstgespräch, ältere Patienten

Abstract: The psychoanalytic Initial Interview with Elderly Patients

The psychoanalytic initial interview is to be performed with elderly patients according to the same principles as with younger patients. Especially the scenic enactment is of central importance. The special conditions in old age and specific characteristics of countertransference should be taken into account. The analyst has to work through his phantasies and anxieties concerning his own growing old. Often the patient may profit from the interview therapeutically too. His conscious intentions connected with the interview should be respected, and his active role in constructing a bi-personal field and even in finding a realistic indication are often underestimated. The elderly patient needs enough time to find a sufficient containment in the interview situation. Different aspects of the initial interview with aged patients are demonstrated with the help of case vignettes especially with regard to problems of the daily analytic practice.

Keywords: Psychoanalysis, initial interview, elderly patients

Der Autor arbeitet seit 25 Jahren als Psychoanalytiker in freier Praxis und führt darüber hinaus Erstgespräche im Rahmen der Ambulanz des Berliner Psychoanalytischen Instituts (Karl-Abraham-Institut). Je nach Indikation führt er hochfrequente Psychoanalysen, analytische Psychotherapien und Kurztherapien durch, wobei längerfristige Behandlungen den Hauptanteil ausmachen. Die Klientel besteht zu etwa einem Drittel aus über 60-jährigen Patienten. Bei diesen sind die Indikationen ähnlich verteilt wie bei jüngeren Patienten.

Psychoanalytisches Erstgespräch

Wie in jeder psychotherapeutischen Praxis nimmt das Erstgespräch auch in der psychoanalytischen Praxis eine zentrale Stellung ein. Es dient der Diagnostik und Indikationsstellung und erfüllt darüber hinaus auch therapeutische Funktionen (zusammenfassende Darstellungen in Thomä u. Kächele 1985; Kutter 2000). Neben dem Sammeln von objektiven anamnestischen Daten beziehungsweise subjektiven Angaben des Patienten, geht es auf der Ebene des szenischen Verstehens um die Informationen, welche sich in der Begegnung im manifestierenden Feld von Übertragung und Gegenübertragung vermitteln. Der Analytiker gewinnt hierzu einen Zugang, indem er die unbewussten Rollenzuweisungen des Patienten spürt und unter Zuhilfenahme seiner Gegenübertragung beginnt, die ihm vom Patienten angebotenen externalisierten inneren Objektbeziehungen zu verstehen. Der Analytiker kann diese, auf verschiedenen Ebenen gewonnenen Informationen nutzen, um gemeinsam mit dem Patienten ein bipersonales Feld zu entwickeln, das die Beantwortung von Fragen zur Diagnose, Indikation und Prognose ermöglicht. Gegebenenfalls kann er auch schon therapeutisch wirksam werden und vor Beginn einer Behandlung den Patienten mit dem Wesen der analytischen Methode vertraut machen. Geht es im Erstgespräch also auch darum, Informationen und Wissen über den Patienten zu gewinnen, so besteht gleichzeitig doch auch zu Recht die Warnung von Ch. Kläui (1993), dass einem zu forcierten Wissen über den Patienten »eine Strategie des Nichtwissens, der Öffnung, der Überraschung und der Mehrdeutigkeit fehlt«. Erliegt der Analytiker zu sehr der Rolle des wissenden psychotherapeutischen Fachmanns, die ihm von neueren wissenschaftlichen und berufspolitischen Strömungen auch nahegelegt wird, kann die Offenheit des beginnenden analytischen Dialogs verloren gehen. Das Erstgespräch ist in der Regel nicht nur auf einen Termin beschränkt, sondern beinhaltet oft mehrere Sitzungen. Der niedergelassene Analytiker wird vor allem die Patienten auswählen, »die von dem profitieren können, was er anzubieten hat« (Kläui 1993).

Es ist interessant, dass angesichts des geringen Interesses, welches auch heute noch psychoanalytischen Behandlungen Älterer entgegengebracht wird, das erste Beispiel für ein Erstgespräch in Argelanders bekannter Arbeit (1970) über das Erstinterview in der Psychotherapie einen 60-jährigen Patienten betrifft. Er zitiert es aus Schraml (1968):

Ein Herr, anfangs 60, Jurist in hoher Staatsstellung, kam, um in familiären Angelegenheiten Rat und Hilfe zu erlangen. Der Mann war trotz der bestehenden sommerlichen Hitze äußerst korrekt, beinahe feierlich gekleidet. Er schilderte zunächst den Grund seines Kommens und hatte sein 'Referat' gründlich vorbereitet. Zudem benutzte er eine Art von Akte, um sich über die für psychologische Zusammenhänge gänzlich unbedeutsame Daten exakt zu informieren und eventuell vorher Gesagtes zu korrigieren. Er wunderte sich etwas, dass der Interviewer für mitgebrachte Schriftstücke so wenig Interesse zeigte. Erst nach 25 Minuten ging der Ratsuchende auf seine Familienverhältnisse ein. Er gab von seiner Frau und den kleinen und teilweise auch schon erwachsenen Kindern kaum mehr als Personalien an. Nun schwieg er und schaute erwartungsvoll auf den Interviewer. Dieser war durch den langen und gänzlich unergiebigen Sermon etwas verärgert, hatte das Stereotyp des trockenen Juristen diagnostiziert und fragte deshalb bewusst freundlich und milde, ob es denn nicht für
Kinder, vor allem für Söhne schwer sei, einen so erfolgreichen und tüchtigen Vater zu haben, man könne ihn kaum erreichen, geschweige denn, ihn etwa überflügeln. Das Gegenüber stutzte zunächst nach dieser unerwarte-

ten und scheinbar auch nicht zur Sache gehörigen Bemerkung. Dann aber ging ein Leuchten über sein Gesicht, und er begann zu erzählen.

Diagnostische Aspekte

Das durch keine Fachterminologie entstellte Beispiel zeigt sehr schön, wie der Interviewer die vom Patienten unbewusst konstellierte Szene mit Hilfe seiner eigenen emotionalen Reaktion versteht und ihm dieses Verständnis mit einer einfachen Frage mitteilt. Die so gewonnene Information erlaubt diagnostische Rückschlüsse auf Strukturmerkmale des Patienten. Dessen Reaktion auf die Probedeutung wiederum erleichtert prognostische Aussagen hinsichtlich seiner Flexibilität und seiner Fähigkeit, von der analytischen Methode zu profitieren. Sicher müssen die auf diesem Wege erlangten Informationen ergänzt werden durch die bereits erwähnten anderen Informationskanäle. Ein Erstgespräch, in dem zwar die interpersonale Dynamik der Gesprächssituation akribisch beobachtet wird, das aber nicht auch nach biographischen Fakten, Beziehungsmodalitäten und aktuellen Umständen der Lebenssituation fragt, verschließt sich vor wichtigen Informationen, um Diagnose, Indikation und Prognose korrekt einschätzen zu können.

Therapeutische Aspekte

Selbst die kurze Skizze der Anfangssequenz eines Erstgesprächs zeigt therapeutische Elemente. Die Frage des Interviewers ermöglichte dem 60-jährigen Patienten, seine Abwehrformation zumindest vorübergehend zu lockern. Er schien erleichtert zu sein und froh über das Eröffnen einer neuen Perspektive. Nicht selten nutzen Patienten das bipersonale Feld eines Erstgesprächs als eine Art Kurztherapie und verlassen die Voruntersuchung mit einem therapeutischen Gewinn. Oder das Erstgespräch bereitet bereits den Boden für eine sich anschließende psychoanalytische Behandlung. Sind dem Analytiker, der die Erstgespräche führt, diese therapeutischen Elemente bewusst, wird sich das auf seine Einstellung auswirken, er sei kein reiner »Interviewer« mehr. Er wird seiner Verantwortung stärker gewahr, auch in Bezug auf die Möglichkeit, in einer solchen Voruntersuchung durch Kränkungen und Verletzungen eine traumatische Wirkung zu erzielen. Zum therapeutischen Aspekt gehört ebenso der nicht selten auftretende Fall, dass mit einem Patient über andere Hilfs-, Beratungs- und Therapieangebote gesprochen werden muss. Das wird im allgemeinen bei älteren Patienten häufiger der Fall sein.

Das psychoanalytische Erstgespräch mit älteren Patienten

Eine 65-jährige Patientin kommt zum Erstgespräch wegen schwerer depressiver Verstimmungen nach dem Tod ihres Freundes. Sie äußert dezidiert den Wunsch nach einer Psychoanalyse. Diese ist ihr aus ihrem persönlichen und beruflichen Umfeld nicht fremd, und sie hat darüber hinaus in früheren Jahren eine leidlich befriedigende Erfahrung mit einer psychoanalytischen Behandlung machen können. Der Analytiker stellt bei der differenzierten und motivierten Frau rasch die Indikation einer Analyse. Diese Indikation findet sich auch im Verlauf der Behandlung bestätigt. Aber die Störung der Patientin erweist sich im nachhinein doch als viel gravierender, als es zunächst den Anschein hatte. Ein verleugnetes Inzest-Trauma und auch eine Gefängnisstrafe kamen zu Tage, welche die Patientin zunächst verschwieg und in der sie ihre frühe Pathologie agiert hatte.

Welche altersspezifischen Aspekte zeichnen diesen Fall aus? Da ist zunächst ein Analytiker, der sich freut, endlich wieder einen eindeutig motivierten potentiellen Analysanden in seiner Praxis vorzufinden, und der darüber während der Erstgespräche die zugrunde liegende Psychopathologie zu leicht und zu reif einschätzt. Das könnte man sich auch mit einer jüngeren Patientin vorstellen. In diesem Fall taucht aber ein Analytiker auf, der nur einige Jahre jünger ist als die Patientin. Im Hinblick auf sein eigenes Altern war er daran interessiert, ein möglichst ideales Bild vom Alternsprozess, der vor ihm liegt, zu bewahren. Zum anderen wurde ihm später klar, dass in der günstigen Beurteilung eine eigene Mutterübertragung auf die Patientin eine Rolle spielte, eine so genannte Eigenübertragung (Heuft 1990), zu der man sich leicht von älteren Patienten unbewusst einladen lässt (Hinze 1987). Erst im nachhinein erinnerte er sich eines leichten Befremdens angesichts einer eigentümlichen Starre der Patientin, wenn sie von der Beziehung zu ihrem Partner und von seinem Tod sprach.

Dieser Erstkontakt mit einer späteren Analysandin weist also sowohl altersspezifische als auch altersunspezifische Merkmale auf. Betrachtet man zusammenfassende Darstellungen über das Erstgespräch mit älteren Patienten, fällt auf, dass sie sich über weite Strecken wie Abhandlungen über das Erstgespräch im allgemeinen, unabhängig vom Alter der Patienten, lesen. Sind nicht auch bei jüngeren Patienten Ich-Funktionen, bisherige soziale Entwicklung, bestehende Abhängigkeiten, Chronifizierung der psychischen Störung, Übertragungsintensität, Eigenübertragung und chronologisches Alter (Heuft et al 2000) zu berücksichtigen? Sind Lebenslaufperspektiven, wie die aufgabenorientierte, verlustorientierte oder generationsorientierte Sicht und eine Berücksichtigung der gesunden Anteile (Radebold 1992) nicht auch für die Indikationsfindung bei jüngeren Patienten wichtig? Natürlich versuchen die genannten Autoren für ältere Patienten besonders wichtige Akzentsetzungen hervorzuheben. Für den Praktiker ist es aber immer wieder notwendig, sich klarzumachen, dass die Behandlung Älterer auf einem Alterskontinuum angesiedelt ist. Unabhängig vom Alter des Patienten sollten immer die für die betreffende Lebensphase charakteristischen Besonderheiten berücksichtigt werden.

Davon entbindet einen auch nicht das Wissen, dass die infantilen Prägungen, wie in neuerer Zeit auch die Hirnforschung immer wieder bestätigt (Roth 2001, S. 452), am schwersten zu verändern sind. Unabhängig davon, ob ich nun einen 25-jährigen oder einen 70-jährigen Patienten in Behandlung nehmen will, ich muss über die jeweiligen altersspezifischen Entwicklungsaufgaben beziehungsweise -perspektiven in beiden Fällen Bescheid wissen, um im Erstgespräch den Patienten gerecht zu werden zu können. Allerdings weisen die altersspezifischen Perspektiven bei älteren Patienten einige sehr charakteristische Besonderheiten auf. Der ältere Patient verfügt über Erfahrungen, über die der zumeist jüngere Therapeut noch nicht verfügt und steht vor Entwicklungsaufgaben, die letzterer erst noch zu bewältigen hat. Dieser ist daher in der Begegnung mit einem älteren Patienten mit all seinen eigenen Ängsten und Erfahrungslücken hinsichtlich dieser noch vor ihm liegenden Lebensphase konfrontiert und muss sich damit auseinandersetzen. Hinzu kommt der erwähnte regressive Eigenübertragungssog in der Begegnung mit Älteren.

Szenisches Erfassen

Das szenische Erfassen der unbewussten Inszenierungen und Rollenzuweisungen eines älteren Patienten im Erstgespräch bietet nicht deshalb besondere Schwierigkeiten, weil die den Analytiker einbeziehende Szene beim alten Patienten weniger intensiv oder ausdrucksfähig wäre. Die folgenden Vignetten können das Gegenteil belegen. Aber unter dem Druck, all die altersspezifischen Besonderheiten zu eruieren und in ihrer Bedeutung abzuwägen, kann das Erstgespräch den Charakter einer Anamneseerhebung annehmen und der Moment der Begegnung vernachlässigt werden. Gegenübertragungsprobleme im weiteren Sinne fördern eine solche Metamorphose.

Herr A. sucht im Alter von 62 Jahren Hilfe, weil er fürchtet, wie sein Vater in diesem Alter einer paranoiden Entwicklung anheimzufallen. In mehreren Vorgesprächen, in denen er sich emotional beteiligt mit seiner Lebenssituation und seiner Biographie auseinandersetzt und die langsam bereits den Charakter einer Therapie annehmen, nähert er sich immer mehr dem Gedanken, eine Behandlung zu beginnen. Unbewusste Konflikte um eine problematische Beziehung zur Mutter, um passiv homosexuelle Strebungen und abgewehrte aggressive Impulse gewannen Konturen. Während aller Sitzungen zündete sich Herr A. eine Zigarre an und bewahrte die Pose eines überlegenen, wenn auch kooperierenden, lebenserfahrenen älteren Mannes. Der 14 Jahre jüngere Analytiker erinnerte sich an seinen Vater und wurde sich einer ausgeprägten positiven Vaterübertragung bewusst. Die Gesprächsserie wurde dann abrupt unterbrochen, als Herr A. sich schriftlich für den nächsten vereinbarten Termin entschuldigen ließ – wegen beruflicher Verpflichtungen, die er der Sekretärin zu Diktat gab. In freundlichem Ton bekräftigte er sein Interesse an weiteren Gesprächen, hatte dann aber keinen weiteren Kontakt mehr aufgenommen.

Es kann angenommen werden, dass Herr A. von diesen Gesprächen profitiert hat. Er konnte sich mit seiner kritischen Lebenssituation auseinandersetzen und seine Abwehr neu strukturieren. In der vom Patienten initiierten Gesprächsszene war der Analytiker in einer (konkordanten) Gegenübertragung mit dem abgewehrten kindlichen Selbst des Patienten identifiziert, während Herr A. selber die Rolle eines überlegenen Vaters übernahm. Aggressive Aspekte blieben dabei abgewehrt, äußerten sich aber in dem überraschenden Abbruch der Gespräche. Diese szenische Konstellation ließ sich nicht, wie in dem eingangs von Argelander zitierten Beispiel, weiter bearbeiten oder gar auflösen.

Die 74-jährige Frau B. kam wegen heftiger psychosomatischer Magen-Darm-Beschwerden, welche offensichtlich auf ungelöste Konflikte mit der Schwiegertochter zurückzuführen waren. Biographische Determinanten dieser Symptomatik drängten sich auf, die in der Beziehung zur Mutter und den Geschwistern wurzelten. Nach den Erstgesprächen blieben Zweifel, ob eine aufdeckende psychoanalytische Behandlung indiziert sei. Ausschlaggebend dafür, mit ihr eine Behandlung zu beginnen, war dann für den Analytiker eine Szene im ersten Gespräch, in der Frau B. einen Angstzustand erlitt, sich durch das angebotene Glas Wasser aber wieder beruhigen konnte. Obwohl diese Szene nicht gedeutet werden konnte, hinterließ sie doch im Analytiker das Gefühl, dass Frau B. mit großer Energie versuchte, und auch weiter versuchen würde, ihre Konflikte und Ängste, wenn auch zunächst averbal, in der analytischen Situation zu aktualisieren, und Hilfe annehmen konnte. Diese Einschätzung bestätigte sich in der folgenden analytischen Psychotherapie.

Frau C. wurde mit 60 Jahren berentet und entwickelte daraufhin eine Depression, deretwegen sie einige Jahre später eine analytische Psychotherapie begann, diese aber bereits nach 20 Stunden wieder abbrach.

Eine nachträgliche Analyse der Vorgespräche zeigt Folgendes: Der Analytiker hatte über seinen Wunsch, eine intelligente und lebhafte ältere Frau in Therapie zu nehmen, übersehen, dass sie im Vorgespräch ständig behandelnde Ärzte entwertete, auch frühere Psychotherapeuten (einen Verhaltenstherapeuten und eine stationäre analytische Psychotherapie), und deutliche Hinweise auf eine erhebliche Neidproblematik mit starker Projektionsneigung bot. Er war einer Übertragungs-Gegenübertragungs-Konstellation ausgewichen, in dem ihm die Rolle eines beneideten und gleichzeitig entwerteten Objekts angeboten wurde. Auch hierbei spielte natürlich eine Eigenübertragungskomponente eine Rolle.

Beim telefonischen Erstkontakt mit der 61-jährigen Frau D. unterlief dem Analytiker der Irrtum, dass er sie als einen Mann in der Erinnerung behielt. Zu Beginn des Erstgesprächs fühlte er sich entsprechend verwirrt, sprach auch mit der Patientin über dieses Versehen. Aber das Gespräch darüber ließ sich nicht vertiefen. Erst nach fast zweijähriger Dauer einer analytischen Psychotherapie konnte diese kleine Szene besser verstanden werden. In der Phase einer recht heftigen negativen Mutterübertragung erzählte Frau D. von ihrer lebenslangen Grundüberzeugung, nie um ihrer selbst willen geliebt zu werden. Man würde sie nur dann akzeptieren, wenn sie nützlich und helfend sei. Wenn sie ein Junge gewesen sei, wie ihre Eltern es sich gewünscht hätten, wäre das aber ganz anders gewesen. Wie zur Bestätigung verwies sie dabei auf die Anfangsszene. Der Analytiker habe sie ja auch lieber männlich haben wollen.

Hier hat es lange gedauert, bis eine Szene des Erstgesprächs verstanden werden konnte. Dieses Nichtverstehen hat dem sich entwickelnden analytischen Prozess keinen wesentlichen Abbruch getan. Es hat aber wahrscheinlich eine basale negative Übertragung festigen geholfen. Kein Analytiker ist omnipotent. Jeder kann sich nur bemühen, einen Teil der szenischen Angebote des Patienten im Erstgespräch wahrzunehmen und davon etwas zu verstehen. Doch man würde den Patienten als ganze Person nicht ernst genug nehmen, wenn man sich nicht darum bemühte.

Besonderheiten der Gegenübertragung

Die meisten Probleme in Psychotherapien mit Älteren entstammen der Gegenübertragung. Eigene Übertragungen auf den zumeist älteren Patienten in Verbindung mit dessen Übertragungsangeboten können den Analytiker einem regressiven Sog aussetzen, der ihn ängstigt und eine entsprechende Abwehr mobilisiert, die seine analytische Kompetenz beeinträchtigen kann (Hinze 1987). Solche Prozesse entwickeln sich nicht erst langsam im Laufe einer Behandlung, sondern können bereits den Verlauf eines Erstgesprächs beeinflussen. Im Fall von Herrn A. und Frau C. war der Einfluss einer Gegenübertragung bereits evident.

Die analytische Psychotherapie von Frau E. verlief unbefriedigend. Sie brach nach 70 Stunden die Behandlung ab, nachdem sich ihr Alkoholmissbrauch wieder verstärkt hatte. Die damals 65-jährige Patientin kam wegen einer depressiven Entwicklung nach dem Tod ihres Mannes vor einigen Jahren. Zusammen mit ihm, der sich zum Alkoholiker entwickelt hatte, war sie selber zunehmend an das Trinken geraten. Ihre Mutter war eine kalte und unempathische Frau gewesen, der Vater schien sie lange in inzestuöser Gebundenheit gehalten zu haben. Sie selbst heiratete dann auch recht spät. Zum Erstgespräch brachte sie den folgenden Traum mit: Sie sei auf der Fahrt zum Analytiker bei der falschen Station ausgestiegen. Dort nämlich, wo es zum Friedhof ihrer Eltern ginge. Dann habe sie die Uhrzeit ihres Termins für das Erstgespräch vergessen.

Der Hauptfehler bei der positiven Indikationsstellung war sicher die Fehleinschätzung ihres Alkoholmissbrauchs. Der Analytiker fühlte sich einerseits der überweisenden Institution verpflichtet. Andererseits hatte Frau E. aber bereits im Erstgespräch ihr kindliches, von der Mutter abgelehntes Selbst auf den Analytiker übertragen. Unter dem Druck einer entsprechend konkordanten Gegenübertragung in Verbindung mit eigenen mütterlichen Übertragungselementen auf die Patientin, fiel es dem Analytiker schwer, das Bild einer entwerteten, trinkenden mütterlichen Imago auszuhalten, und er bewertete die Suchtproblematik zu optimistisch. Frau E. hat schließlich ihren Initialtraum wahr gemacht und sich nicht von ihren Primärobjekten lösen können.

Besonderheiten des Alters

Wie bereits erwähnt, sollte jeder, der mit Psychotherapien bei Älteren beginnt, sich möglichst sachkundig über Besonderheiten des Alterns machen. Dazu gehört auf der emotionalen Seite die Auseinandersetzung mit dem eigenen Altern, sei es bereits beginnend oder noch in größerer Ferne. Dazu gehört aber auch eine umfassende Information über Altersfragen und die sowohl emotionale als auch kognitive Auseinandersetzung mit einer Lebensphase, die im allgemeinen noch vor einem liegt.

Frau F. kam im Alter von 71 Jahren zum Erstgespräch, nachdem sie, recht isoliert lebend, zunehmende Schwierigkeiten mit der Anpassung an ihr Älterwerden erlebte und mit der Frage konfrontiert war, ob sie in ein Heim wechseln oder eine neue Wohnung beziehen sollte. Sie kam mit hohen Erwartungen: »Sie sind meine letzte Chance!« und idealisierte den Analytiker zunächst grenzenlos. Was jedoch die Frage einer Indikation besonders schwer machte, war die anfängliche Unsicherheit, ob ihre manchmal recht ungeordnete und schwallartige Redeweise Zeichen von hirnorganischen Veränderungen verriet. Dem Analytiker half es sehr, dass er über eine große ärztliche und institutionelle Erfahrung mit alten Menschen verfügte. Es konnte schließlich eine tiefenpsychologisch fundierte Psychotherapie eingeleitet werden, die zu einem befriedigenden Abschluss führte.

Eine gewisse Sicherheit in der Beurteilung von hirnorganischen Veränderungen kann bei der Indikationsstellung eine große Hilfe sein, zumal solche Fragen auch eigene Ängste vor einer späteren Demenz berühren, die nicht selten Therapeuten davon abhalten können, sich überhaupt mit älteren Patienten zu befassen.

Frau G. sucht mit 60 Jahren eine psychoanalytische Praxis wegen vielfältiger psychosomatischer Beschwerden auf. In mehreren Vorgesprächen schält sich langsam ein chronischer Ehekonflikt heraus. Vor Jahren hatte der Ehemann sich einer anderen Frau zugewandt, war aber schließlich zur Patientin zurückgekehrt. Seitdem schien die Ehe inhaltslos und erkaltet zu sein. In den Gesprächen scheint Frau F. sich mit der Eheproblematik auseinandersetzen zu wollen. Sie ist willens, ihre Lebenssituation zu überdenken und neue Ansätze zu wagen. Eine Psychotherapie wird bereits ins Auge gefasst. Da ruft der Ehemann kurz vor der vereinbarten nächsten Stunde an und teilt mit, seine Frau könne nicht kommen. Sie sei wieder krank geworden und läge mit Magen-Darm-Beschwerden im Bett. »Wenn es ihr besser geht, rufen wir (!) wieder an.«

Wieder ein Problem der Gegenübertragung: der Analytiker wollte der Patientin-Mutter helfen und hatte dabei ganz den Ehemann-Vater vergessen. Auch hatte er nicht genügend berücksichtigt, dass der Ehemann seine Frau immer zu den Stunden brachte. Andererseits war er auch von der destruktiven Intensität dieser symbiotischen Beziehung überrascht und wurde dadurch angeregt, sich eingehender über die Dynamik in alten Paaren zu informieren.

Die aktive Rolle des Patienten

Bei einer rein diagnostischen Betrachtung des Erstgesprächs besteht die Gefahr, dem Patienten eine zu passive Rolle zuzuweisen. Es entstünde dann das Bild eines Kranken, der zum Therapeuten kommt, welcher aufgrund der ihm zugänglichen Informationen eine Diagnose und anschließend eine differentielle Therapieindikation (Heuft et al, 2000) stellt mit einer prognostischen Einschätzung. Dann läuft die aktive Gestaltung der Szene bereits im Erstgespräch durch den Patienten einem solchen Verständnis zuwider. Aber auch in anderen Punkten zeigt sich die aktive Rolle des Patienten. Hohage et al. (1981) weisen zu Recht darauf hin, dass der Patient im allgemeinen mit einem bewussten Gesprächsauftrag kommt, den es zu respektieren gilt, weil sonst keine Klärung der Konfliktdynamik möglich wäre. Die Autoren beziehen sich zwar ausdrücklich auf Erstgespräche in der psychotherapeutischen Ambulanz. Aber ihre Aussagen lassen sich unschwer auch auf die psychoanalytische Praxis anwenden. Ich glaube auch, dass dieser Gesichtspunkt besonders wichtig ist bei älteren Patienten, die bereits in einem langen Leben, trotz ihrer neurotischen Fixierungen und Defekte, ihre Fähigkeit unter Beweis gestellt haben, Probleme zu lösen und Konflikte zu bewältigen. Gerade bei älteren Patienten gibt es noch einen weiteren Punkt, in dem ihre aktive Rolle im Erstgespräch zu berücksichtigen ist. Die Indikationsfindung ist nicht nur Sache des Therapeuten, sondern oft genug stellen Patienten eine, wenn auch manchmal negative Indikation.

Gesprächsauftrag

Die anfangs erwähnte 65-jährige Patientin kam mit einem sehr klaren bewussten Gesprächsauftrag. Sie wollte eine Psychoanalyse beginnen. Diese Entschlossenheit und ihr Ernst, sich dafür auch einzusetzen, haben sicherlich wesentlich zu der positiven Indikationsstellung beigetragen. Der Gesprächsauftrag war aber nicht zuletzt auch deswegen unproblematisch, weil Analytiker und Patientin sich im selben Projekt treffen konnten. Hierbei kann es aber auch unklarere und konflikthaftere Verhältnisse geben.

Die 82-jährige Frau G. suchte wegen quälender Zwangssymptome auf Initiative und Vermittlung ihres Sohnes eine analytische Praxis auf. Die Erstgespräche gingen unmerklich in eine Art Kurztherapie über, die Frau G. nach zehn Stunden vor Antritt einer längeren Reise beendete. In diesen Stunden entrollte sie ein Panorama ihres Lebens mit seinen vielen Verlusterlebnissen und auch traumatischen Ereignissen, nicht zuletzt durch Krieg und Nach-

kriegszeit. Als zentrales Ereignis erschloss sich dabei der Suizid eines Sohnes vor neun Jahren und ihre daraus resultierenden Schuldgefühle.

Frau G. gelang in diesen zehn Stunden offenbar eine Bestandsaufnahme ihres Lebens. Analytiker und Patientin konnten über ihre Schuldgefühle, über ihre reparativen Möglichkeiten und über die aktuellen Konflikte sprechen. Am Ende blieb ein Analytiker zurück mit der Gewissheit, dass diese Patientin ihre Form von Therapie definiert und durchgeführt und ihn dabei als hilfreichen Begleiter genutzt hatte. In solchen Fällen ist es wesentlich, dass der Analytiker sich vom Patienten leiten lässt und diesem nicht sein eigenes professionelles Produkt überstülpen will.

Der 63-jährige Herr H. kam wegen einer ihn sehr einschränkenden klaustrophoben Symptomatik. Er betonte sehr schnell, dass er nicht in alten Geschichten herumwühlen wolle, konnte dann aber in einer eindrucksvollen Tour de Force seine klaustrophobische Symptomatik mit den Abtreibungsversuchen seiner Mutter in eine gefühlte Verbindung bringen. Es schien für ihn wie eine neue Welt zu sein, die sich ihm mit Hilfe sparsamer Deutungen des Analytikers erschloss. Trotzdem ließ er keinen Zweifel daran, dass er keine aufdeckende Therapie wünsche. Der Analytiker vermittelte ihn nach diesem Gespräch an einen Verhaltenstherapeuten.

Es war wesentlich, dass der Analytiker den Gesprächsauftrag des Patienten respektierte. Andernfalls hätte Herr H. sich nicht wahrgenommen und respektiert gefühlt. Unter dem Schutz dieses Arrangements vermochte er es aber dann, mit Hilfe eines Analytikers wenigstens einmal sein Leid in einen verstehbaren Zusammenhang zu bringen.

Der Beitrag eines Patienten zur Indikationsstellung

Die Betrachtung der Verläufe von Herrn A.s (2.1) Vorgesprächen könnte zum Fazit führen, dass Herr A. die Erstgespräche aus Angst vor einer psychoanalytischen Behandlung abgebrochen habe. Sein Vorgehen ließe sich aber auch so beschreiben, dass er in Anbetracht seiner seelischen Situation und seiner seelischen Möglichkeiten eine Kompromisslösung gefunden hat: sich so weit seinen inneren Konflikten zu stellen, dass eine Neu-Orientierung seiner

Abwehr möglich wird, er aber nicht über die eigenen Ressourcen hinausgehen muss. Ein anderer, mit ihm vergleichbarer Patient, der die Gesprächssituation mit ähnlichen Mitteln und aus ähnlichen Motiven zu beherrschen versuchte, fand eine andere Lösung. Er ließ sich auf eine Kurzzeit-Therapie ein, die es ihm ermöglichte, nach Berentung und schwerer Erkrankung ein neues Gleichgewicht zu finden. Auch hier hätte der Analytiker eher ein langfristiges und intensiveres Vorgehen bevorzugt.

Die 61-jährige Frau J. suchte einen Analytiker auf, nachdem sich im Gefolge ihres Ausstiegs aus dem Arbeitsleben Depressionen eingestellt hatten. Sie zeigte sich einer analytischen Zugehensweise gegenüber aufgeschlossen, sah aber ihre religiösen Vorstellungen und ihren Glauben, die ihr bisheriges Leben dominiert und ihre Identität mitgeprägt hatten, durch ein solches Vorgehen gefährdet. Nach zwei Gesprächen entschloss sie sich, zunächst von einer psychoanalytischen Behandlung Abstand zu nehmen und stattdessen eine Kur anzutreten.

Dieser Ablauf lässt sich wieder mit den Begriffen Angst, Abwehr und Widerstand beschreiben. Ganz ohne Zweifel beinhaltete ihr religiöses Erleben recht starre Reaktionsbildungen gegen triebhafte und aggressive Strebungen. Man kann den Ablauf des Erstgesprächs aber auch als eine von Frau J. selbst vorgenommene Problemlösung oder Indikationsstellung verstehen, welche ihre inneren Möglichkeiten – und wer kennt sie besser, als sie selbst! – berücksichtigt.

Diagnostische und therapeutische Aspekte

Herr K., ein 60-jähriger Mann aus einem dem hiesigen sehr fremden außereuropäischen Kulturkreis, der aber bereits seit langem in Deutschland lebte, findet den Weg in eine psychoanalytische Praxis. Er leidet unter einer heftigen Verliebtheit in ein junges Mädchen, das seine Tochter sein könnte. Als Hintergrund zeichnet sich bald der nicht lange zurückliegende Tod eines unehelichen Sohnes ab, welcher ihm schwere Schuldgefühle bereitet. Herr K. ist erleichtert, zum ersten Mal in seinem Leben über diese Dinge sprechen zu können. Beim zweiten Gespräch teilt er dem Analytiker mit, dass die Unterhaltung ihm geholfen habe, eine Entscheidung zu treffen. Er müsse zunächst in sein Heimat-

land zurückkehren, um eine Trauerfeier für seinen Sohn nach den dort übliche Ritualen zu organisieren. Erst danach könne er wieder Ruhe finden.

Als Diagnose könnte nach diesem Erstgespräch eine manisch abgewehrte reaktive Depression vermutet und mit einer gewissen Vorsicht wegen der sozio-kulturellen Unterschiede die Indikation einer analytischen Psychotherapie gestellt werden. Für Herrn K. war aber viel wichtiger, dass ihm das Gespräch geholfen hat, eine Entscheidung zu finden. Der therapeutische Nutzen überwog erst einmal den diagnostischen. Wesentlich dabei war, dass der Analytiker sich unaufdringlich zur Verfügung stellte. Diese Verflechtung von diagnostischen und therapeutischen Elementen im Erstgespräch lässt sich unschwer auch in manchem der bisher erwähnten Fallbeispiele finden.

Die Rolle der Zeit

In der von Argelander zitierten Vignette eines Erstgesprächs beginnt der Patient erst nach 25 Minuten eines *»gänzlich unergiebigen Sermons«* auf Wesentlicheres zu sprechen zu kommen. Es wird betont, wie wichtig es sei, dass der Interviewer sich Zeit lässt und diesem *»Sermon«* erst einmal geduldig zuhört. Das Zeitintervall taucht interessanterweise an ganz anderer Stelle noch einmal auf (Heuft et al, 2000: S. 245): »Nach der Eröffnungsfrage: ›Was möchten Sie mit mir besprechen?‹ muss der Ältere 20 bis 25 Minuten lang Gelegenheit haben, sich auf die neue Situation einzustellen, vorbewusste bis unbewusste Aspekte einer jetzigen Situation, Symptomatik beziehungsweise Problematik und Lebensgeschichte darzustellen und die beginnende Übertragung zuzulassen.« Hier wird zwar auch die Ruhe und der lange Atem betont, aber doch eher in dem Sinne, dass es gilt, die Zeit sinnvoll zu nutzen. Gerade bei alten Menschen scheint es aber besonders wichtig zu sein, ihnen die Gelegenheit zu bieten, sich im Erstgespräch erst einmal auf ihre Weise auszubreiten, und sei es mit einem langweiligen *»Sermon«* oder umständlichen Symptombeschreibungen. Nur so besteht auch die Möglichkeit, eine vom Patienten inaugurierte (geschaffene) Szene zu erfassen. Weitere Gespräche ergeben dann immer noch die Möglichkeit, gezielter zu fragen und andere Informationskanäle zu öffnen.

Epilog

Das Erstinterview gehört zum unverzichtbaren Bestandteil im Werkzeugkasten eines Analytikers. Die drei Informationskanäle des szenischen Erfassens und der Gewinnung von subjektiven und objektiven Informationen ergänzen und durchdringen einander. Diese Grundsätze gelten für erwachsene Patienten aller Altersklassen. Wer Erstgespräche mit älteren Patienten führt, sollte sich einiger altersspezifischer Gesichtspunkte bewusst sein, ohne die gemeinsame Basis aus den Augen zu verlieren. Die psychoanalytische Beschäftigung mit Älteren wird dann besonders fruchtbar, wenn sie nicht so sehr als Subspezialität betrachtet wird, sondern eingebettet bleibt in dem Kontinuum aller Altersklassen. Dann können sich neuartige Perspektiven auf Prozesse auch in anderen Bereichen dieses Kontinuums eröffnen.

Literatur

Argelander H (1970): Das Erstinterview in der Psychotherapie. Darmstadt (Wissenschaftliche Buchgesellschaft).

Heuft G (1990): Bedarf es eines Konzepts der Eigenübertragung? Forum der Psychoanalyse 6: 299 – 315.

Heuft G, Kruse A, Radebold H (2000): Lehrbuch der Gerontopsychosomatik und Alterspsychotherapie. München, Basel (Ernst Reinhardt Verlag).

Hinze E (1987): Übertragung und Gegenübertragung in der psychoanalytischen Behandlung älterer Patienten. Psyche 41: 238 – 253.

Hoffmann S O (1994): Ein gänzlich unanalytischer Blick auf das Erstgespräch. Forum der Psychoanalyse 10: 192 – 195.

Hohage R, Klöss L, Kächele, H (1981): Über die diagnostisch-therapeutische Funktion von Erstgesprächen in einer psychotherapeutischen Ambulanz. Psyche 35: 544 – 556.

Kläui Ch (1993): Das Erstgespräch in Psychoanalyse und psychoanalytischer Therapie. Forum der Psychoanalyse 9: 327 – 338.

Kutter P (2000): Moderne Psychoanalyse. Stuttgart (Klett-Cotta).

Radebold H (1992): Psychodynamik und Psychotherapie Älterer. Berlin, Heidelberg (Springer).

Roth G (2001): Fühlen, Denken, Handeln. Frankfurt a.M. (Suhrkamp).

Schraml W (1968): Person als Prozeß. Bern, Stuttgart (Suhrkamp).

Thomä H, Kächele H (1985): Lehrbuch der psychoanalytischen Therapie (Band 1 Grundlagen). Berlin, Heidelberg (Springer).

Die verhaltenstherapeutische Erstuntersuchung älterer Patienten in der psychotherapeutischen Praxis

Johannes Kemper

Zusammenfassung:

Das Erstgespräch ist maßgeblich für den Verlauf einer nachfolgenden Behandlung. Auf dem verhaltenstherapeutischem Gebiet gilt es, der Modifikation der Erwartungen, der gemeinsamen Zielsetzung, der systemimmanenten Gesprächsführung und den ersten kognitiven Schritten beider Seiten zu entsprechen, um gemeinsame Denk- und Wertsysteme zu finden und auf handlungsorientiertem Wege den Patienten zu Einstellungs- und Verhaltensänderungen zu verhelfen. Dabei wird einerseits vermieden, Abhängigkeiten entstehen zu lassen. Andererseits wird die Unabhängigkeit älterer Menschen so lange wie möglich gefördert. Wie für die Therapie, so gilt auch für die Vorgespräche, dass sie nicht nur im therapeutischen Setting, sondern auch im Alltag der Patientin und in ihrem individuellen Lebensumfeld stattfinden können.

Schlüsselwörter: Altersprobleme, Verhaltenstherapie im Alter, kognitive Therapie.

Abstract: The Behavior-Therapy-Oriented Initial Interview of Elderly Patients at the Psychotherapeutic Practice

The initial interview is crucial to the course of any subsequent therapy. In the field of behavior therapy the aim is to modify expectations, to set joint objectives, to communicate on a system-immanent level, and to align the first cognitive steps on both sides in order to find mutual thinking and valuation systems and to help patients change their attitude and behavior by action-oriented means. This prevents dependencies from developing on the one hand, and supports the independence of elderly persons for as long as possible on the other. Like the therapy, the preliminary interview can be held not only in the therapeutic setting but also within the patient's everyday routine and individual environment.

Keywords: Age-related problems, behavior therapy for the elderly, cognitive therapy.

Nervenärztliche und psychotherapeutische Praxis in München mit Schwerpunkten in der Psychotherapie Alternder und in der Sexualtherapie.

Die Einstellung des Patienten

Zu den Voraussetzungen einer erfolgreichen Verhaltenstherapie Alternder zählen eine vertrauensvolle Basis als Teil des Arbeitsbündnisses sowie die Einstellungen des Patienten und des Therapeuten zur geplanten Behandlung.

Beeinflussung der Motivation des Patienten durch äußere Faktoren

Für das Erstgespräch ist es von Bedeutung, ob der Patient aus Eigeninitiative kommt, ob er von Angehörigen geschickt wird und von diesen begleitet wird oder ob er durch Überweisung in der Sprechstunde erscheint. Der Einfluss auf die Erwartungen an den Therapeuten kann groß sein: Positiv, wenn dadurch eine negativistische Therapieeinstellung überwunden wird und negativ, wenn imaginäre oder irreale Wünsche dadurch unterstützt werden. Das äußere Setting wird somit von drei Fragen bestimmt (Kanfer et al. 1990):
– Warum kommt eine Person zum jetzigen Zeitpunkt in Therapie? Was hat gerade jetzt dazu geführt? Weshalb kommt jemand nicht früher oder später?
– Weshalb kommt die Person zu mir? Von wem erhielt sie eine Empfehlung? Wie ist sie auf mich beziehungsweise unsere Institution gestoßen?
– Weswegen kommt sie in Therapie? Was sind die »Präsentier-Symptome«? Welche im- und explizierten Gründe gibt es für den Beginn einer Therapie? Wie müsste die Situation beschaffen sein, damit eine Therapie nicht (mehr) notwendig wäre? Mehr noch als bei Jüngeren ist für Alternde von Bedeutung, ob die Praxis oder die Institutionen, in denen die Behandlung

durchgeführt wird, regional günstig liegen, ob die Einrichtung der Therapieräume zweckmäßig ist und ob Störfaktoren, wie ein klingelndes Telefon, Verkehrslärm, Mitarbeiter oder Publikumsverkehr bestehen. Auch die Aufstellung des Raumes ist wichtig. Nach Schmelzer (1998, S. 29) ist kontraindiziert, wenn sich der Therapeut hinter einem »Statussymbol«, zum Beispiel dem großen Schreibtisch, verschanzt.

Inneres Setting

Die Einstellung des Patienten zur Therapie ist häufig das Ergebnis vielerlei Einflüsse, die sowohl durch seine eigene Erkrankung als auch durch Faktoren der Außenwelt bedingt sind. Von Bedeutung ist, warum der Patient unter den jetzigen Bedingungen und den aktuellen Einflüssen seine Entscheidung getroffen hat, einen Therapeuten aufzusuchen. Oft finden sich – der Erkrankung entsprechend – im Vorfeld lange Zeiten der Unentschlossenheit, des schwankenden Leidensdruckes und einer fraglichen Therapiemotivation. Schließlich führt möglicherweise irgendein aktuelles äußeres Ereignis zur Entscheidung, den Therapiewunsch zu realisieren.

Die Erwartungshaltung des Patienten spielt in der Therapie eine erhebliche Rolle, wobei hohe Erwartungen oft mit einer hohen Veränderungsbereitschaft einhergehen und niedrige Erwartungen oft der Ausdruck einer ambivalenten Einstellung oder einer depressiogenen Komponente sind. Auch die Einstellung des Therapeuten zum Altern bestimmt maßgeblich die Erwartungen an den Patienten mit und hat ebenso hohe Auswirkungen auf dessen Änderungsbereitschaft. Jedoch können ambivalente und depressive Grundeinstellungen des Therapeuten im Sinne einer verdeckten Gegenmotivation wirksam werden. Diese können nach Michalak et al. (2001, S. 273) durchaus zu Konflikten führen, die oft therapiehemmend sind. Im konstruktiven Falle können sie aber als Gegenstand therapeutischer Arbeit durchaus weiterführen.

Durchführung

Bei der Durchführung des Erstgespräches spielen Basisvoraussetzungen der Verhaltenstherapie eine entscheidende Rolle. Im Unterschied zu den aufdeckenden Therapieverfahren ist die Verhaltenstherapie nach Margraf (1996, S. 4–5):

1. Primär problemorientiert. Es geht also um Ansatzpunkte bei den aktuellen Problemen Alternder, die immer multipel sind und es geht um die Anpassung verfügbarer Behandlungsmethoden auf die individuellen Problembereiche der Patienten, wobei die Besonderheiten des Alterns einschließlich des hier verzögerten Lernens berücksichtigt werden müssen.

2. Von wesentlicher Bedeutung sind die verhaltensanalytische Problemdefinition und therapiebegleitend die spätere Verhaltensanalyse, wobei nach Margraf (1996) die prädisponierenden, auslösenden und aufrechterhaltenden Problembedingungen heraus zu arbeiten sind. Hierbei geht es um die Auswirkungen der Problembedingungen in der Gegenwart sowie deren Änderbarkeit im Umfeld und im Alltagserleben des Patienten.

3. Sobald das Problem identifiziert und eine Problemanalyse erfolgt ist, werden vom Patienten und dem Therapeuten gemeinsam die Behandlungsziele definiert. Für Alternde geht es meist um das Erreichen realistischer Ziele. Hier spielen die begrenzte Lebenszeit Alternder, das Vorhandensein eventueller Funktionseinschränkungen und die noch möglichen Freiheitsgrade eine entscheidende Rolle. Patient und Therapeut sollten sich dabei nicht irrealen Erwartungen hingeben, andererseits aber auch nicht mögliche Änderungsbereiche außer Acht lassen. Letztere werden häufig von Patienten und ihrem Umfeld unterschätzt, obwohl beispielsweise durch Einbeziehung von Bezugspersonen durchaus noch Lernschritte möglich sind.

   Diese Schritte sind jeweils handlungsorientiert und setzen eine aktive Beteiligung der Patienten voraus. Sie reichen über die Einsicht hinaus und machen das aktive Erproben neuer Verhaltens- und Erlebnisweisen sowie Problemlösestrategien notwendig.

4. Bei der Verhaltenstherapie Alternder ist von Bedeutung, dass diese Therapie nicht nur im therapeutischen Setting stattfindet, sondern die erlernten Strategien in den Alltag der Patienten und in das individuelle Lebensumfeld übernommen werden. Dies macht von vornherein eine zukunftsorientierte Zielsetzung notwendig.

5. Dabei geht es wesentlich um die Vermittlung plausibler Erklärungsmodelle. Das verständliche Erklären aller Aspekte des therapeutischen Vorgehens führt zur Akzeptanz der methodischen Schritte durch den Patienten und trägt so zu dessen Problemlösefähigkeit bei. Nach Haupt (2003, S. 188) ist dies vor allem bei der Therapie von kognitiven Störungen von Bedeutung. Hierbei bedarf es der besonderen Geduld seitens der Thera-

peuten und je nach Art der Störung auch einer therapeutischen Allianz mit den Angehörigen. Welche positiven Effekte gerade die angehörigenzentrierten, psychoedukativen Interventionen haben können, wurde von Mittelman et al. (1996) herausgefunden: die Zahl der Heimeinweisungen wurde wesentlich reduziert.

6. Ziel der Therapie ist es, eine weitestgehende Autonomie des Patienten zu erreichen. Die Förderung einer selbstständigen Problemanalyse und - bewältigung kann das Selbsthilfepotential erhöhen. Je abhängiger der ältere Mensch ist, um so wichtiger wird es, noch bestehende Ressourcen auszuschöpfen, die beispielsweise s//einer erlernten Hilflosigkeit entgegen wirken. Nach Hautzinger (2003, S. 166) sollte der Therapeut dem Prinzip minimaler Interventionen verpflichtet sein, um keine Abhängigkeiten entstehen zu lassen. Damit verbunden ist seine Aufgabe, die Unabhängigkeit alter Menschen so lange wie möglich zu erhalten.

7. Die Methodenoffenheit der Verhaltenstherapie bringt es mit sich, dass neue Konzepte in die Behandlung eingearbeitet werden und auf ihre empirische Relevanz überprüft werden.

Methodisches Vorgehen

An Beispielen soll aufgezeigt werden, wie die geschilderten Grundsätze in der Praxis angewandt werden.

Frau M., 60 Jahre, hatte bereits therapeutische Vorerfahrungen, ihr früherer Therapeut ist inzwischen pensioniert. Unter dem Druck ihrer Angst suchte sie sich jetzt eine erneute Behandlung. Sie war zu mir gekommen, da sie von meiner gruppentherapeutischen Arbeit gehört hatte und sich über eine neuerliche Gruppentherapie Hilfe erhoffte. Zum Erstgespräch war die schlanke Patientin modern gekleidet und stark geschminkt erschienen und hatte Folgendes mitgeteilt:

»Bereits früher hatte ich starke Depressionen und Angstanfälle, die sich immer häufiger wiederholten und zu einer irrsinnigen Angst steigerten, so dass ich bereits Angst hatte, Angst zu bekommen. Im Stadium meiner Verzweiflung hatte ich eine Beziehung zu einem wesentlich jüngeren Mann. Um meine eigenen Probleme zu bewältigen (Verlust von Selbstwertgefühl und Anerkennung) habe ich diese Beziehung wohl gesucht und gebraucht.

*Inzwischen hat meine Angst vor dem Altern und vor dem Verlust an
Attraktivität begonnen. Ich glaube nicht, dass diese Angst durch die
Freundschaft ausgelöst wurde. Ich ging diese Beziehung ein, weil ich ja
Angst hatte, keine Anerkennung mehr zu finden. Während einer eineinhalb
Jahre dauernden Gruppentherapie, die auf einer Gesprächsbasis erfolgt
war, habe ich mich mit meinen Problemen auseinandergesetzt und war zu
einem positiven Ergebnis gekommen. Ich war ruhiger geworden und meine
Angst vor dem Älterwerden war, nachdem ich meinen 50. Geburtstag
gefeiert hatte, fast verschwunden.*

*Jetzt, nach über zehn Jahren, ist die Angst, verbunden mit anderen Proble-
men, wieder in den Vordergrund getreten. Mein Mann hat seine berufliche
Laufbahn vollendet. Er ist im Vorruhestand. Für mich bedeutet dies, die ältere Frau eines älteren Mannes zu sein. Ich möchte nicht alt sein und hinfällig
aussehen. Ich fürchte mich jedoch, dies auszusprechen, weil ich eine unwahr-
scheinliche Angst vor dem Sterben, vor dem absoluten Nichts habe. Ich sehe
das langsame Verfallen meiner Tante täglich vor mir. Sie ist jetzt 80 Jahre alt
und hat viele Beschwerden. Wenn sie meint, das wäre halt das Alter, so beru-
higt mich das nicht. Es macht mir Angst. Ich hänge sehr an meiner Tante.
Ihr Tod wäre ein unwahrscheinlich schmerzlicher Verlust für mich.«*

*Zunächst sah ich mich als Mann angesprochen. Das äußere Auftreten
der Patientin zwang zur Bestätigung ihrer zweifelsohne noch erkennbaren
Attraktivität, die freilich auch morbide Züge trug und mit Schminke über-
malt werden musste. Unschwer war zu erkennen, dass hinter ihrer Angst
vor dem Alter die Angst vor dem Sterben dominierend war, die ihrerseits
der Ausdruck einer Selbstwertproblematik war. Die Patientin hatte ihr
Selbstwertgefühl bisher über ihr Aussehen definiert, das jetzt durch das
Altern in Frage gestellt war. Ein klassisches verhaltenstherapeutisches
Angstprogramm anzuwenden hätte hier bedeutet, an der Patientin vorbei-
zutherapieren. Kurzfristig ging es im Vorgespräch um das Erreichen eines
Arbeitsbündnisses und um eine vertrauensvolle Beziehung. Ich bestätigte
die Patientin in ihrem noch wesentlich jüngeren Aussehen, deutete jedoch
bereits im Vorgespräch an, dass es darüber hinausgehend noch mehr
Qualitäten geben müsse, derer sie sich vielleicht nicht bewusst sei.
Während sie noch mit der Verarbeitung der Situation befasst war, überlegte
ich, welche weiteren therapeutischen Programme hier hilfreich sein könnten, zum Beispiel die kognitive Therapie und/oder ein Selbstsicherheit-
straining in der Gruppe. Auslösend für die Aktualisierung früherer Ängste*

war der Vorruhestand ihres Mannes und ihre Ansicht, als Frau nur von jüngeren Männern bestätigt werden zu können: Je jünger diese waren, umso jünger erfuhr sich die Patientin selbst. Unzweifelhaft wirkte sich das Modell von der schwerkranken Tante als aufrechterhaltende Bedingung auf die Ängste der Patientin aus.

Diagnostik und Behandlung gehen in der Verhaltenstherapie ineinander über. Einerseits ist nach Fliegel (2000) die Diagnostik an praktisch-therapeutischem Handeln orientiert, andererseits führen therapeutische Übungen immer wieder zu diagnostisch relevanten Informationen. Nach Schonecke et al. (2003, S. 31) werden therapeutisch relevante Informationen der Patienten in der Regel schnell zurückgemeldet (Prinzip der Transparenz) oder durch Selbstbeobachtung vom Patienten direkt erarbeitet, so dass sie ihm unmittelbar für Verhaltensänderungen zur Verfügung stehen.

Das Vorgespräch sollte dem Patienten bereits eine Vorstellung künftiger Aktivitäten vermitteln und über die bloße Informationsaufnahme bezüglich der Lebensgeschichte des Patienten, die auch in späteren Sitzungen erfolgen, hinausgehen. Kurzum kann das Vorgespräch ein Bild künftiger verhaltenstherapeutischer Arbeit liefern.

Wie dies erfolgen kann, wird von Garms-Homolová (1988, S. 5–9) beschrieben. Während sich der zögernde Patient noch in der Erkundungsphase befindet und notwendige Informationen im Vorfeld der Inanspruchnahme sammelt, nimmt der Therapeut an, dass die Inanspruchnahme bereits begonnen hat und setzt helfende Routinen in Gang. Dennoch stehen die Wahrnehmung von der Krankheit des Patienten, seine Vorstellung über sein Krankheitsmodell und eventuelle Korrekturen dieser Vorstellungen anfangs im Vordergrund. Hinzu kommen ergänzende Mitteilungen und Informationen über die geplante Arbeit durch den Therapeuten. Zur Entängstigung bezüglich der vorgesehenen Arbeit gehören vertrauensbildende Schritte, die auch in der Beseitigung von Fehlinformationen über die geplante Behandlung bestehen können. Die thematischen Vorgaben werden dabei dem Patienten überlassen. Er wird ermutigt, bestimmte Probleme allein zu bearbeiten oder in seiner natürlichen Umwelt zu besprechen. Dabei kann er sich seiner Problemlösefertigkeiten bewusst werden. Ziel ist eine Entdramatisierung der Behandlung. Daran zeigt sich, wie kompetent der Therapeut auf den Patienten wirkt und wie überzeugend die ersten inhaltlichen Erläuterungen des Therapeuten zur weiteren Therapie sind.

Herr K., *69 Jahre alt, war und ist ein professioneller Patient. Wegen gastrointestinaler Beschwerden war er bereits in einer psychosomatischen Klinik gewesen und wurde zwischen 1956 und 1986 in psychoanalytischer Einzel- und Gruppentherapie behandelt. Er konnte nur noch psychoanalytisch denken, was ihm leider, trotz der 30-jährigen Therapie nicht geholfen hatte, seine Magen-Darm-Beschwerden loszuwerden.*

Im Erstgespräch berichtete Herr K., unter vermehrten Durchfällen, unter depressiven Verstimmungen sowie an einer gewissen Orientierungslosigkeit zu leiden. Nach wie vor habe er auch während seiner Betreuung im Klinikum erhebliche Autoritätsprobleme gehabt und sei des öfteren bei den dort durchgeführten Aktivitäten der Beschäftigungstherapie, der Gesprächsgruppen sowie der Stationsausflüge bei Mitpatienten angeeckt.

Nachdem im Klinikum kein körperlicher Hinweis für die genannten psychischen Beschwerden gefunden werden konnte und der Patient zuerst in der psychiatrischen Abteilung und später in der Ambulanz weiterbehandelt worden war, wurde er nun zu mir geschickt, mit der Bitte um Übernahme in eine Psychotherapie.

Herr K. wirkte im Erstgespräch bizarr. Er zeigte nur Vertrauen, wenn ich auf sein psychoanalytisches Sprechsystem einging oder ihm paradoxe Antworten gab. Verständnisvolle Zuwendung, sowie Informationen oder Spiegelungen seines Verhaltens fasste er als Aggressionen auf. Als übertherapierter Patient wusste er sein therapeutisches Gegenüber rasch zu depotenzieren, indem er auf sein reiches Symptombildungsrepertoire zurückgriff Dieses hatte ihm 30 Jahre lang Zuwendung und Versorgung gesichert und war für ihn zum zweiten Leben geworden. Herr K. hatte die Wirklichkeit, wie wir sie erfahren, durch seine ausschließlich therapeutische Wirklichkeit ersetzt. Er war im psychoanalytischem Sinne nicht zu einer therapeutischen Ich-Spaltung fähig, die es ihm erlaubt hätte, auf seine Depressionen und Somatisierungen zu verzichten. Seine kognitiven Grundannahmen über die Welt, seine Kindheit und über sich selbst waren in bizarrer Weise unzutreffend und bedurften einer kognitiven Umstrukturierung. Dass diese in Anbetracht der sehr langen Dauer seiner Beschwerden besonders behutsam sein musste, ist leicht zu verstehen, da jeder zu rasche Wandel seines Selbstbildes mit der Gefahr einer völligen psychischen Dekompensation verknüpft war. Ich war für Herrn K. eine Bedrohung seines pathologischen Systems, das, wie er selbst sah, einer Änderung bedurfte, vor der er aber Angst hatte. Diese Angst galt es zunächst durch Entdramatisierung zu reduzieren. Dabei sollte

Herr K. erfahren, dass ihm sein Rationalisieren eher im Wege stand und dass auch einfachere Zugänge zu seinen Ängsten möglich sind. Gleichzeitig sollte das Ziel der Therapie begrenzt werden, um aus der vorangegangenen »unendlichen Analyse« eine Therapie werden zu lassen, bei der die Linderung der Depression und der psychosomatischen Beschwerden angestrebt werden. Dabei sollte dem Patienten im noch verbleibenden Lebensabschnitt eine weitestgehende Selbstständigkeit ermöglicht werden. Dies ließ sich bei Herrn K. nur teilweise erreichen. Die haltenden Funktionen seines therapeutischen Begriffsrepertoires waren nicht mehr in Gänze austauschbar.

Umgang mit kognitiven Problemen im Erstgespräch

Nach Beck (1981, S. 44 ff) liegt eine Grundannahme der kognitiven Therapie darin, dass Personen mit psychischen Störungen, wie beispielsweise Depressionen oder Ängsten, aufgrund einer »fehlerhaften« Informationsverarbeitung beziehungsweise aufgrund von »logischen« Denkfehlern an ihren Grundannahmen und Einstellungen festhalten, obwohl empirische Evidenzen dagegen sprechen. So tragen diese »Denkfehler« zur Stabilisierung unangemessener Grundannahmen und damit zur Aufrechterhaltung psychischer Störungen bei.

Im Erstgespräch geht es zunächst darum, den Patienten kognitiv vorzubereiten und emotional zu erreichen, wozu Strategien der Gesprächsführung notwendig sind, die sich unter dem Oberbegriff der Systemimmanenz zusammenfassen lassen (Tuschen u. Fliegenbaum 1996). Damit ist gemeint, dass sich der Therapeut in das Denk- und Wertesystem sowie in die Gefühlswelt des Patienten hineinversetzt, die Gedanken und Gefühle des Patienten vorwegnimmt und bei allen therapeutischen Interventionen berücksichtigt. Dabei zeigt sich, dass Einstellungen des Patienten um so schwerer veränderbar sind, je mehr sie Teil einer elaborierten (hoch entwickelten) Einstellungsstruktur sind und je relevanter sie für die Person sind (Eagly u. Chaiken 1993). Deshalb argumentiert der Therapeut nicht gegen die Annahmen und Überzeugungen des Patienten, sondern führt das Gespräch so, dass der Patient wichtige Schlussfolgerungen ziehen kann. Darauf aufbauend kann er sich eigenständig für oder gegen eine Einstellungs- oder Verhaltensänderung entscheiden (Tuschen u. Fliegenbaum 1996). Folgende therapeutischen Instrumente stehen dabei zur Verfügung: Gedanken immanent vorwegnehmen und zu Ende denken, kognitive Fallen verdeutlichen, Dilemmata des Problemverhaltens aufzeigen und kognitiv-affektive Reaktionen auslösen. Wie aus dem zweiten Beispiel deutlich wird, ist die therapeutische Beziehung von Bedeutung, da Alternde Versorgungswünsche haben und ihre Probleme von anderen lösen lassen wollen. Die Rückmeldungen über ihr Verhalten, die Ermutigung und positive Verstärkung, selbstständiger zu werden, spielen in der Therapie eine dementsprechend große Rolle. Bei einer altersbezogenen Reduktion des Erwerbs beziehungsweise des Abrufs von Gedächtnisinhalten ist ähnlich vorzugehen.

Schwierigkeiten des abstrakten Denkens und der Problemlösungsfähigkeit sowie des erschwerten Lernens räumlicher Informationen sollten bei der Nutzung verhaltenstherapeutischer Techniken gleichermaßen berücksichtigt werden, wie die Förderung verbliebener Tätigkeiten und das Training des Lerntransfers in den Lebensalltag. Nach Helgenberger u. Wittchen (1991) und Karlbauer-Helgenberger et al. (1996, S. 441) ist es bei älteren Patient notwendig,

- die Therapie stärker zu strukturieren,
- das Tempo des Patienten zu akzeptieren,
- Grundgedanken der Behandlung mehrfach zu erklären,
- sich die Inhalte der geplanten Behandlung wiedergeben zu lassen und
- Hausaufgaben genau vorher zu besprechen.

Dabei spielt die Berücksichtigung von generationsspezifischen Wertvorstellungen, die Gewichtung von Lebenszielen und die bisherige Lebenserfahrung eine entscheidende Rolle.

Ausblick

In Vorgesprächen mit älteren Patienten bedarf es einer vergleichsweise differenzierteren Beziehungsregulation als mit jüngeren. Handlungsorientierte Therapieansätze einschließlich ihrer zeitlichen Begrenzung kommen den Bedürfnissen vieler Älteren entgegen. Die Kenntnis der eigenen Einstellungen zum Altern ist für die Gesprächsführung wichtig. Sie bedarf einer stärkeren Strukturierung, einer Anpassung an das Tempo der Patienten und einer multimodalen, verhaltenstherapeutischen Antwort auf die multimodalen Probleme der Patienten. Dies ist ohne Einbeziehung des sozialen Netzes der Patienten nicht denkbar.

Literatur

Beck AT, Rush, Shaw BF, Emery G (1981): Kognitive Therapie der Depression. München (Urban & Schwarzenberg).

Eagly A, Chaiken (1993): The psychology of attitudes. Fort Worth (Harcourt Brace Jovanovich College Publishers).

Fliegel S (2000): Verhaltenstherapeutische Diagnostik In: Senf W, Broda M: Praxis der Psychotherapie. 2. Aufl., Stuttgart (Thieme), 105–115.

Garms-Homolová V (1988): Die unverschuldete Anspruchsinflation. Analyse der Inanspruchnahme von Versorgung und Diensten durch alte Menschen. Z. Gerontol. 21: 5–9.

Haupt MC (2003): Strategien bei kognitiven Störungen. In: Förstl H (Hg) (2003): Lehrbuch der Gerontopsychiatrie und –psychotherapie. Stuttgart (Thieme), 188–1997.

Hautzinger M (2003): Verhaltenstherapie In: Förstl H (Hg) (2003): Lehrbuch der Gerontopsychiatrie und –psychotherapie. Stuttgart (Thieme), 166–187.

Helgenberger F, Wittchen HU (1991): Ist Verhaltenstherapie bei Depressionen im höheren Alter erfolgreich? Vortrag auf der 65. Jahrestagung der Bayerischen Nervenärzte, 15./16.11.1991, München.

Hirsch R (1998): Lernen ist immer möglich. Verhaltenstherapie mit Älteren. München (Reinhardt).

Kanfer F H, Reinecker H, Schmelzer D (1990): Selbstmanagement-Therapie. Ein Lehrbuch für die klinische Praxis. Berlin (Springer), 408.

Karlbauer-Helgenberger F, Zulley J, Buttner P (1996): Altersprobleme. In: Margraf J (Hg): Lehrbuch der Verhaltenstherapie. Band 2, Berlin (Springer), 415–447.

Margraf J (1996): Grundprinzipien und historische Entwicklung. In: Margraf J (Hg) (1996): Lehrbuch der Verhaltenstherapie. Band 1. Berlin (Springer), 1–30.

Michalak J, Heidenreich T, Hoyer J (2001): Konflikte zwischen Therapiezielen – Konzepte, Ergebnisse und Konsequenzen für die Therapie. Verhaltenstherapie & psychosoziale Praxis 34 (2): 273–280.

Mittelman MS, Ferris SH, Shulman E et al. (1996): A family intervention to delay nursing home placement of patients with Alzheimer disease. JAMA 276: 1725–1731.

Schmelzer D (1998): Kontextklärung: Das Optimieren der therapeutischen Rahmenbedingungen. In: Sulz S (Hg) (1998): Das Therapiebuch. München (CIP-Medien), 27–34.

Schonecke O, Köllner V (2003): Kognitiv-verhaltenstherapeutisch orientierte Therapieverfahren. In: Adler R et al. (Hg): Uexküll, Psychosomatische Medizin. München (Urban & Fischer), 467–486.

Tuschen B, Fliegenbaum W (1996): Kognitive Verfahren. In: Margraf J (Hg): Lehrbuch der Verhaltenstherapie. Band 1, Berlin (Springer), 387–399.

Das systemische Erstgespräch mit älteren Menschen

Johannes Johannsen

Zusammenfassung:

Die systemische Therapie bei älteren Menschen befindet sich noch am Anfang – sowohl in der Ausformulierung einer spezifischen Theorie und Technik für ältere Klienten als auch hinsichtlich der vorliegenden empirischen Untersuchungen zur Indikation und Wirksamkeit (Johannsen 1999). In den vergangenen Jahren wurden für das systemische Erstgespräch wirksame Richtlinien zur Vorgehensweise entwickelt und formuliert: Ankopplung an das System, Überweisungskontext, Auftragsklärung, Konkretisierung und Rekontextualisierung des auffälligen Verhaltens, subjektive Erklärungen und Wirklichkeitskonstruktionen, Ressourcen und Abschlussintervention.

Am Beispiel eines möglichen Verlaufes eines Erstgespräches mit einem älteren Patienten in einem depressiven System wird das schrittweise Vorgehen veranschaulicht.

Schlüsselwörter: Systemische Therapie mit Älteren, Familientherapie, Systemisches Erstinterview, Kontextualisierung des Verhaltens, Wirklichkeitskonstruktion

Abstract: Systemic first interview with elderly people

Systemic therapy of elderly people is still in its early stages – not only in the formulation of a specific theory and technique with elderly clients but also with regard to recent empiric studies concerning the indication and efficacy (Johannsen 1999). For the step by step procedure in the systemic first interview, effective guidelines have been developed and formulated in recent years: linking to the system, context of referral, clarification of remit/aims of treatment, concretization and recontextualization of unusual behavior, subjective explanations and constructions of reality, resources, and final intervention.

The step by step procedure is demonstrated by an example of a possible course of a first interview with an elderly client in a depressive system.

Keywords: Systemic therapy with elderly, family therapy, systemic first interview, recontextualization of behavior, construction of reality

Vorbemerkungen

Die systemische Therapie kommt bei einem breiten Spektrum psychischer, psychosomatischer und somatischer Störungen zur Anwendung. Inzwischen wird sie auch auf dem Gebiet der Gerontopsychiatrie angewendet, denn gerade hier ist ein Patient gar nicht anders als im Kontext seiner Beziehungen vorstellbar (Johannsen 1994).

Eine besondere Indikation in Abgrenzung zu individuumszentrierten psychotherapeutischen Verfahren liegt unter anderem dann vor, wenn:

- das klinisch auffällige Verhalten eines Patienten mit seinen Paar- oder Familienbeziehungen eng verknüpft ist und wenn diese Beziehungsprobleme ohne systemische Therapie nicht oder nur sehr viel langwieriger lösbar sind und/oder
- chronische Krankheitsprozesse eines Patienten die Bewältigungsfähigkeiten seiner Angehörigen soweit erschöpft haben, dass ihnen die Dekompensation droht (Wirsching 1997).

Systemische Therapie besteht vor allem darin, ein kybernetisches Verständnis der Familienbeziehungen mittels einer speziellen Interviewtechnik und der Bildung von Hypothesen zu entwickeln (Simon 1984). In einem Problemsystem, zum Beispiel dem einer Familie, gilt es, die Beziehungen, ihre Muster und Regeln im Zusammenhang mit einer Krankheit sowie die dazugehörigen Weltbilder der Mitglieder zu erkennen. Das zu schaffende Lösungssystem soll helfen, das als krank diagnostizierte Verhalten wieder in den situativen Kontext einzubetten und ressourcenorientiert neue Weltbilder und/oder neue Verhaltensweisen anzustoßen.

Im Unterschied zu anderen psychotherapeutischen Verfahren betrachtet die systemische Therapie den Patienten von Anfang an zusammen mit seinem

Beziehungsgefüge. Dieses Beziehungsgefüge besteht meistens beim älteren Menschen aus mehr als dem Rest seiner Familie, der möglicherweise noch vorhanden sind, denn auch Freunde, Nachbarn, Bekannte, Mitarbeiter von Institutionen – beispielsweise in Alten- und Pflegeheimen oder von sozialen Hilfsdiensten, die den Patienten unterstützen (Johannsen 1992) gehören dazu.

An dieser Stelle sei darauf hingewiesen, dass auch diese Personen als relevante Systemmitglieder gemeint sind, wenn nachfolgend der Einfachheit halber nur noch von »Familie« die Rede ist. Diese Art des Einstiegs in die Behandlung bringt eine wesentlich höhere Komplexität als in anderen psychotherapeutischen Verfahren mit sich, sodass dem Erstgespräch eine besondere Aufmerksamkeit zukommt.

Die Weichen für den Erfolg einer psychotherapeutischen Behandlung werden zu Beginn gestellt. Versäumnisse, die in der Kontaktphase oder im Erstinterview unterlaufen, können dazu führen, dass es bei dem einen Kontakt bleibt und weitere Gespräche nicht zustande kommen.

Das Erstgespräch

Im Erstgespräch wird der Therapeut vorrangig drei Anliegen verfolgen: einerseits eine tragfähige Beziehung mit dem System herzustellen, andererseits relevante Informationen über das System zu gewinnen und drittens neue Informationen in das System einzuführen (Weber 1989).

Um diesen Anliegen gerecht zu werden, eignet sich das Stellen zirkulärer Fragen, um mit Hilfe dieser Gesprächs- und Fragetechnik zu einem tragfähigen Behandlungsauftrag und -ziel zu kommen, um unterschiedliche Sichtweisen im System deutlich zu machen und erste Impulse in Richtung des angestrebten Zieles zu setzen (Penn 1982).

Begrüßung und Ankopplung an das System

Die Interaktion mit dem System beginnt schon vor dem Erstinterview, nämlich mit dem ersten Kontakt. Bereits in diesem ersten Gespräch, meistens einem Telefonat, können erste Informationen entweder direkt von einem Mitglied des Systems oder auch vom einweisenden Arzt erfragt werden, um vor dem Erstgespräch Hinweise auf den Behandlungsauftrag und familiäre Ressourcen zu erhalten.

Praxisbezogene Falldarstellungen

In einem systemischen Behandlungskontext wird der Therapeut darum bitten, dass möglichst viele Angehörige und sonstige Mitglieder des Bezugssystems, die wichtig für eine Lösung erachtet werden, am Erstgespräch teilnehmen. Deren Teilnahme ist jedoch nicht zwingend erforderlich; systemische Therapie kann auch mit Einzelpersonen durchgeführt werden (Weiss 1988).

Im ersten Gespräch können mehrere Phasen unterschieden werden: die Begrüßung, die Anwärmphase beziehungsweise das Ankoppeln an das System, der mittlere Abschnitt mit dem eigentlichen Interview und der Abschluss mit einem Kommentar oder einer Aufgabe sowie der Verabschiedung der Familie.

In der Begrüßungsphase geht es darum, den Namen der Anwesenden und ihre Beziehung zum Patienten zu erfahren. Es ist unser Ziel, sie in einer Weise willkommen zu heißen, die bei ihnen Neugierde und positive Erwartung weckt. Selbstverständlich ist es, dass der Therapeut beziehungsweise die Therapeutin sich mit Namen und Beruf vorstellt, einige Worte zur Institution sagt und zu Fragen einlädt. Dazu gehört es, nicht sogleich nach den Erwartungen an das Gespräch oder nach dem Problem zu fragen, sondern sich beispielsweise eher danach zu erkundigen, ob es viel Mühe gemacht hat, weitere Familienmitglieder zur Teilnahme an diesem Gesprächstermin, der etwa ein bis zwei Stunden dauern werde, zu motivieren. Schon allein dafür, dass sie sich Zeit genommen haben, sollte deshalb allen Wertschätzung entgegengebracht werden. Ihre Anwesenheit als Zeichen der besonderen Anteilnahme am Befinden des kranken Familienmitgliedes zu würdigen, öffnet Türen bei den Angehörigen.

Unserer Erfahrung nach ist in der Eingangsphase des Gesprächs manchmal die Frage nützlich, wann und aus welchem Anlass die Familie – insbesondere wenn sie zahlreich erschienen ist – das letzte Mal so zusammen gekommen sei. Ist dies eher häufig oder eher selten der Fall? Gab es etwas zu beraten oder wurde miteinander gefeiert?

Hieran anschließend sollten Informationen über die Rahmenbedingungen, nämlich über die Zeitstruktur und den etwaigen Ablauf des Gesprächs gegeben werden. Manchmal ist es günstig, die Anwesenden darauf hinzuweisen, dass sie das Gespräch unterbrechen können, wenn ihrer Meinung nach etwas angesprochen worden ist, was hier und heute nicht Thema sein sollte. Damit kann gleich zu Beginn allen Familienmitgliedern das Gefühl vermittelt werden, dass sie nicht nur gefragt werden sollen, sondern dass sie den Ablauf des Gesprächs aktiv mitgestalten können und selbst bestimmen, welche Fragen sie beantworten und welche nicht. Die Erfahrung zeigt, dass durch solche Hinweise in weiteren Gesprächen auch heikle Themen angegangen werden können.

Es erweist sich immer wieder, dass insbesondere die Anfangsphase eines Gesprächs – dies gilt selbstverständlich auch für andere psychotherapeutische Verfahren – äußerst wichtig ist, um eine entspannte und vertrauensvolle Atmosphäre zu schaffen und um alle »ins Boot« zu holen. An dieser Stelle kann angemerkt werden, dass im Gespräch vielleicht ganz unterschiedliche Sichtweisen zum Ausdruck kommen werden, möglicherweise sogar einander widersprechende Einschätzungen oder Vorstellungen, was für die Familie vielleicht ungewohnt, für den weiteren Behandlungsverlauf jedoch durchaus nützlich sein könne. Dann kann es eher gelingen, auch die Lebenserfahrungen des alten Patienten mit neugieriger Teilnahme zu entdecken und zu Wort kommen zu lassen (Cecchin 1988). Gerade nach dessen Erfahrungen, die er im Laufe seines Lebens gemacht hat, zu fragen und diese anzuerkennen (Sperling 1982), fällt den oft um eine Generation jüngeren Therapeuten häufig schwer.

Als Gesprächstechnik wird der Therapeut eine aktive und strukturierende Gesprächsführung wählen und darauf achten, in angemessener Weise ungewöhnlich zu fragen, um durch solche Fragen neue Informationen nicht nur für sich, sondern auch für das System zu gewinnen. Dabei wird der Therapeut auf Neutralität achten, und zwar sowohl gegenüber den Anwesenden als auch gegenüber den angesprochenen Inhalten und möglichen Veränderungsprozessen (Simon 1984). Statt sich an der Pathologie des Patienten zu orientieren, ist es dem systemischen Therapeuten ein Anliegen, Ressourcen eines Systems aufzuspüren. Mit Bewertungen und Empfehlungen wird er eher zurückhaltend umgehen und stattdessen positive Umdeutungen anbieten.

Fragen zum Anliegen

Nachdem sich der Therapeut so an das System angekoppelt hat, wird er sich im nächsten Schritt nach dem Anliegen erkundigen. Dabei versucht er, möglichst neutrale Formulierungen zu wählen, und mit Fragen, wie »Was führt Sie zu mir, was ist Ihr Anliegen?« beginnen. Es hat sich bewährt, dabei das Wort »Problem« nicht zu verwenden, sondern es dem System zu überlassen, für ihr Anliegen eigene Formulierungen zu wählen. Dabei wird darauf geachtet, wer das Anliegen vorträgt. Ist der/die Sprecher/in in der Familie der/die Außenminister/in? Oder hat er/sie sonst eine besondere Funktion im System?

Wird das Anliegen zu allgemein oder zu wenig anschaulich vorgebracht, bittet der Therapeut, das auffällige oder als krank bezeichnete Verhalten konkret zu beschreiben. Wer tut was als Anlass für dieses Gespräch? Was tut er genau? Wem gegenüber vor allem? Zu welchem Zeitpunkt und an welcher Stelle? Hier bietet sich an, alle anwesenden Familienmitglieder zu Wort kommen zu lassen, um ihre Sicht über Anlass und Ziel der Behandlung einzubringen. Sind sich Angehörige und Patient einig über das weitere Vorgehen? Gibt ihnen das Kraft für die vor ihnen liegende Aufgabe? Oder existieren abweichende Meinungen?

Bei einer Einweisung in eine psychiatrische Klinik beispielsweise ist manchmal zu beobachten, dass es in der Familie ganz unterschiedliche Standpunkte zur Notwendigkeit einer klinischen Behandlung gibt. Die Positionen variieren zwischen eindeutiger Zustimmung und nachdrücklicher Ablehnung.

Sind alle über die Einweisung des Patienten informiert? Oder ist damit zu rechnen, dass ein Familienmitglied versuchen wird, den Patienten möglichst schnell wieder »herauszuholen«? Wird die Einweisung als ein Makel empfunden? Wird deshalb jemand aus der Familie vielleicht nicht zu Besuch kommen oder für Angehörigengespräche nicht zur Verfügung stehen? Mit solchen Fragen wird allen das Gefühl vermittelt, wie wichtig ihre Anwesenheit ist. Unterschiedliche Anliegen und Sichtweisen der Familienmitglieder kommen dabei zum Ausdruck und sind für die systemische Therapie relevant.

Fragen zum Überweisungskontext

Die nächste Gesprächsphase dreht sich um Fragen zum Überweisungskontext. Der Therapeut möchte wissen, wer zuerst darauf gekommen ist, sich an diese Institution zu wenden? Wessen Idee war es? War es die Initiative eines Familienmitgliedes oder eines professionellen Helfers? Wer von ärztlicher Seite hat sich dafür, wer dagegen ausgesprochen? Gab es im Umfeld andere Meinungen? Selbstverständlich wird dabei nicht nur nach Zustimmung oder Ablehnung gefragt, sondern auch welche Informationen über die Erkrankung und über etwaige Behandlungsmöglichkeiten mit auf den Weg gegeben wurden. Wurde zum Beispiel die Klinik eher empfohlen oder skeptisch bewertet? Häufig berichten Angehörige im Falle eines demenziell erkrankten

Familienmitgliedes, dass der Arzt geäußert habe, man könne bei einer Demenz nichts machen; der Patient sei ein Pflegefall und müsse in ein Heim. In einem solchen Fall geht es darum, Hoffnung aufkeimen zu lassen, damit aus der Skepsis keine sich selbst erfüllende Prophezeiung wird.

Schließlich ist zu klären, warum sich der Patient beziehungsweise die Angehörigen gerade jetzt an die Institution gewandt haben. Hat das beklagte Verhalten des Patienten noch zugenommen? Hat es in letzter Zeit besondere Veränderungen im Beziehungsgefüge gegeben?

Weitere Fragen sind: Wurde der Patient bereits durch andere Spezialisten oder in anderen Kliniken behandelt? Was war besonders nützlich in der Vorbehandlung, was war weniger nützlich? Warum wurden solche Behandlungen womöglich vorzeitig abgebrochen? Worauf sollte jetzt besonders geachtet werden? Was sollte auf gar keinen Fall geschehen? Es hat sich bewährt, den Überweisungskontext, in dieser Weise genau zu analysieren (Simon 1987).

Klärung des Behandlungsauftrags

Die Auftragsklärung strebt die Formulierung realistischer und möglichst konkret beschreibbarer Ziele für die Behandlung an. Dazu eignen sich die folgenden Fragen: Mit welchen Erwartungen kommen der Patient und die Angehörigen? Verbinden sie mit dem Klinikaufenthalt Hoffnung auf Änderung zum Besseren oder nicht? Gibt der Patient, der auch zu Wort kommen sollte, sich selbst und den Therapeuten eine Chance? Wie sehen die Angehörigen die Behandlungschancen? Explizit sollte danach gefragt werden, wer welchen Auftrag gibt. Sind sich die Anwesenden darin einig? Wie würde ein gutes Ergebnis einer erfolgreichen Behandlung aussehen? Was wäre ein erster Schritt auf diesem Weg?

Oftmals erweist es sich schwierig, den Behandlungsauftrag zu erfassen, möglicherweise sind die Erwartungen zu hoch und müssen eingegrenzt werden. Welche Erwartungen stehen im Vordergrund? Geht es darum, dass der Patient beispielsweise endlich die richtigen Medikamente erhalten soll? Oder soll der Patient zur Ruhe kommen oder endlich wieder Schlaf finden? Geht es um mehr Abstand in der Familie und um Entlastung? Werden Familiengespräche als nützlich erachtet? Gäbe es beispielsweise gute Gründe, Gespräche oder Besuche eher selten einzurichten? Käme man damit dem Anliegen des Patienten entgegen, niemanden zur Last zu fallen ?

Es ist bei der Behandlung hilfreich, immer wieder auf das vereinbarte Behandlungsziel zurückzukommen. Es kann je nach erreichtem Zustand erweitert oder verändert werden.

Konkretisierung und Rekontextualisierung

Organmedizinisch geprägte Begriffe haben im Erstgespräch keinen großen Stellenwert. Nützlicher ist es bezüglich der Symptomatik vom Verhalten auszugehen. Dieses Verhalten muss konkret herausgearbeitet und im Zusammenhang mit dem Familiensystem verstanden beziehungsweise verändert werden. Dabei ist zwischen dem Verhalten, das potentiell veränderbar ist und dauerhaften Verhaltenseinschränkungen (z.B. durch eine Halbseitenlähmung) zu unterscheiden. Ziel unserer Arbeit ist es, herauszufinden, welches Verhalten beeinflussbar ist. Was kann wer, wodurch, wie, wann und wo beeinflussen?

Die Familienmedizin stellt den Umgang mit einem chronisch erkrankten Familienmitglied in den Mittelpunkt (Kröger 2000). Sie richtet sich danach, auf welche Art die Familie sich bisher um den Patienten organisiert und für ihn gesorgt hat. Oft wünschen diejenigen Familienmitglieder, die bisher die Hauptlast getragen haben, eine Umverteilung auf mehrere Schultern. Die Familienmedizin hilft beim Aushandeln neuer Kooperationen.

Bei psychischen Erkrankungen im Alter kommt oft die Vorstellung auf, die Störung sei chronisch bis ans Lebensende, ohne dass sie wesentlich beeinflusst werden könne. Solche Abstraktionen beziehungsweise Verdinglichungen von Verhaltensweisen sind wieder rückgängig zu machen, indem versucht wird, die nach Zeitpunkt, Ort und Situation unterschiedlichen Verhaltensweisen und die dazu in der Familie bestehenden Vorstellungen konkret zu erfassen, um so das Verhalten in den Lebenskontext einzubetten.

Am Beispiel der häufig gestellten Diagnose »Depression im Alter« soll dies näher beleuchtet werden. Der Patient hat seine Krankheit selbst schon häufig verdinglicht, indem er davon spricht, dass er wieder »seine Depressionen« habe. Er besitzt gewissermaßen die Krankheit, die immer wieder hervortritt. Ärzte haben oft durch ihr Sprachverhalten zu dieser Verdinglichung beigetragen, indem sie vielleicht prophezeiten »Ja, die Depressionen kommen immer wieder, die wird man nicht mehr los«. Bei solchen Aussagen fehlt durch die Abstraktion vom konkreten Zustand der Bezug zur häuslich-familiären Situation, zu Ort und zur Zeit. Der Depression wird schicksalhaft eine eigenständige Dynamik zuerkannt. Ist das Verhalten krankheitsbedingt, sind der Patient und die Familienmitglieder von Verantwortung und Schuld entlastet, denn schuld ist die Krankheit. Die Kehrseite dieser Art der Entlastung besteht allerdings in der Ohnmacht: der Patient kann nichts tun, nur der Arzt beziehungsweise das Krankenhaus können etwas ausrichten.

Um die Symptomatik auf der Verhaltensebene zu erfassen, wird beispielsweise der Sohn einer älteren depressiv erkrankten Frau gefragt: »Was macht ihre Mutter, wenn Sie meinen, dass sie sich depressiv verhält?« und »Was hätte sie in der Situation anders gemacht, wenn Sie sie für gesund halten würden?« So werden die Angehörigen und auch der Patient nach ihren Beobachtungen befragt. Aus den unterschiedlichen Beobachtungen lassen sich Informationen gewinnen, die als Grundlage für Hypothesen zur Entstehung von depressiven Verhaltensweisen dienen.

Durch diese Fragetechnik wird die Zuschreibung »Mutter ist krank, sie ist depressiv« relativiert und umgewandelt in Beschreibungen ihres Verhaltens, das heißt: Der Patient zeigt sich mehr oder weniger depressiv in den und den Situationen – also abhängig von Ort und Zeit und von Personen, mit denen er es zu tun hat.

Wenn der Therapeut den Eindruck hat, dass womöglich alle in der Familie sich durch die Krankheit des Patienten gelähmt fühlen, könnte er – allerdings mit der gebotenen Vorsicht – auch die Verschlimmerungsfrage stellen: »Wer oder was könnte dazu beitragen, dass sich der Patient noch depressiver verhält?« Diese Frage macht bewusst, dass der Patient und die Angehörigen Einfluss auf die Krankheit nehmen können.

Der nächste Schritt widmet sich dem Aspekt, wie die Familienangehörigen auf das Verhalten des Patienten reagieren, indem beispielsweise gefragt wird: »Was machen Sie, wenn ihre Frau sagt, sie könne nicht mehr und sich ins Bett legt?« Weitere solche Fragen sind: »Was tun die anderen Angehörigen? Bekommt der Patient mehr Zuwendung, wenn er sich zurückzieht? Wer reagiert gefühlsmäßig am meisten, wer am wenigsten? Wem in der Familie gelingt es am ehesten, den Patienten etwas aufzuheitern?«

Bei der Bewertung der Erklärungen für das depressive Verhalten lässt sich der Therapeut in seinen Hypothesen von der Erfahrung leiten, dass sich depressive Systeme durch ein hohes Maß an Bindung zwischen den Familienmitgliedern auszeichnen. Das Verhältnis zwischen den alten und langjährig verheirateten Eheleuten ist oft sehr eng und sie sind möglicherweise mit zunehmendem Alter immer näher zusammengerückt. Dies kann in Sätzen wie »Wir waren immer zusammen, haben immer alles zusammen gemacht. Es gab nie ein böses Wort« zum Ausdruck kommen.

Dabei sind Beziehungen zu Freunden und Bekannten und auch soziale Aktivitäten vernachlässigt worden. Wir beobachten manchmal, dass der depressiv Erkrankte zum ganzen Lebensinhalt des Partners geworden ist, sodass dieser sein Leben umstellen müsste, wenn der andere wieder seine Eigenständigkeit zurückgewänne.

Natürlich gibt es auch andere Veränderungen in der Familieninteraktion, die mit der Erkrankung zusammenhängen. Wesentliche Anregungen zur Klärung zeigt auch das Genogramm, das standardmäßig in der Anfangsphase des Gesprächs erstellt und in weiteren Gesprächen ergänzt wird (McGoldrick 1990). Aus wichtigen Ereignissen im Leben der Familie, wie Geburten, Hochzeiten, Todesfälle, Scheidungen, Krankheiten, Verluste oder Trennungen lassen sich oftmals Hypothesen zur Funktion des auffälligen Verhaltens im System gewinnen. Schaut man auf den Beginn des auffälligen Verhaltens und auf die Situation, in der die ganze Familie sich befand, als das besondere Verhalten erstmals auftrat, wird erkennbar, dass das depressive Verhalten den Versuch darstellen könnte, mit den genannten Veränderung umzugehen, zum Beispiel mit Trennung und Verlust. Möglicherweise sind zum Beispiel nach dem Tod eines Familienmitgliedes notwendige Trauerprozesse und entsprechende Rituale nicht oder zu wenig gelebt worden.

Depressives Verhalten kann auch eine Reaktion auf Veränderungsprozesse darstellen, zum Beispiel wenn der Ehepartner in den Ruhestand tritt und gemeinsame Entwicklungsschritte notwendig wären. Mit diesen Fragen und Überlegungen befinden wir uns mitten im Prozess der Hypothesenbildung, an der der Patient und die Angehörigen zu beteiligen sind mit Fragen, wie: »Angenommen, es gäbe gute Gründe, dass Ihre Frau/Mutter sich depressiv verhält, welche könnten das sein?« Das depressive Verhalten kann auch der Versuch eines Auswegs aus familiären Konflikten, zum Beispiel aus Generationskonflikten, sein. Liegen unterschiedliche Bedürfnisse nach Nähe und Distanz vor, so können Abgrenzungsversuche als kränkend erlebt werden. Der gekränkte Rückzug erzwingt dann die Annäherung der Angehörigen. Die Generation der heutigen Alten erachtete in der Regel die Pflege und Fürsorge für ihre Eltern als selbstverständlich und hat daher die teils auch unausgesprochene Erwartung, von ihren Kindern versorgt zu werden. Enttäuschte Versorgungserwartungen kränken die Alten und stürzen die Jungen in Loyalitätskonflikte zwischen Herkunftsfamilie und jetziger Familie. Liegen solche Konflikte vor, kann der Therapeut das Angebot zu weiteren Gesprächen machen. Bei der Hypothesenbildung geht es auch darum, welchen Stellenwert depressives Verhalten in familiären Machtkämpfen hat. Zur Klärung können Fragen gestellt werden, wie: »Wenn sich die Großmutter gegen die Mutter durchsetzen will, gelingt ihr das leichter mit oder ohne Depression?«

Ressourcen

Im Erstinterview ist es auch wichtig nach den im System vorhandenen Ressourcen zu fragen. Welche Krisen beziehungsweise Erkrankungen hat der Patient und/oder die Familie in den zurückliegenden Jahren schon durchgemacht und überwunden? Auf welche Erfahrungen kann die Familie zurückblicken? Wie hat sie zusammengestanden? Was hat sich bewährt? Wie kann das Bewährte jetzt genutzt werden.

Am Ende dieses mittleren Abschnittes sollte nach Möglichkeit allen Anwesenden noch Gelegenheit zu Nachfragen gegeben werden. Sind alle Anliegen vorgebracht worden?

Abschluss

Am Ende eines Erstgespräches werden Fragen zur Zukunft gestellt: Ist eine Zukunft ohne Krankheit noch vorstellbar? Was wird, wenn die Störung noch schlimmer wird? Bei diesen Fragen sollten mögliche Veränderungen der Beziehungsstrukturen herausgearbeitet werden.

Bei der Verabschiedung sollte auf jeden Fall dem Patienten und allen beteiligten Familienmitgliedern noch einmal Dank, Respekt und Wertschätzung für ihr Kommen und ihr Mitwirken zum Ausdruck gebracht werden. Eine Anerkennung der Familie als Ganzes ist dann besonders sinnvoll, wenn sie von sich selbst kein gutes Bild hat.

Es hängt vom Verlauf des Erstinterviews ab, ob nach dem Interview – gegebenenfalls nach einer kurzen Pause – eine therapeutische Abschlussintervention in Frage kommt oder ob im Gesprächsverlauf genug Anregungen für Veränderungen gegeben wurden.

Ein Protokoll, in dem Setting, Gesprächsteilnehmer, Gesprächsverlauf und angesprochenen Themen beschrieben werden, ist wichtig. Beobachtungen und Eindrücke sowie die aufgestellten Hypothesen zur Familiendynamik und zum weiteren Vorgehen sollen darin ebenfalls festgehalten werden.

Ausblick

Das hier in idealtypischer Weise geschilderte Vorgehen in einem systemischen Erstgespräch, das sich in klinischen Aufnahmesituationen bewährt hat, lässt sich auf Institutionen der Altenberatung oder Tätigkeiten des Sozialpsychiatrischen Dienstes und anderer ambulanter psychosozialer Dienste zu großen Teilen übertragen. Grundlegend ist immer die Analyse der Interaktionen und Kommunikationsmuster auf der Verhaltensebene und die Klärung der zu Grunde liegenden Weltbilder, um ressourcenorientierte Lösungswege aufzeigen zu können.

Literatur

Cecchin G (1988): Zum gegenwärtigen Stand von Hypothetisieren, Zirkularität und Neutralität: Eine Einladung zur Neugier. Familiendynamik 13: 190–203.

Johannsen J (1992): Systemische Therapie mit Älteren. In: Hirsch RD et al. (Hg): Multimorbidität im Alter. Bern (Huber), 118–128.

Johannsen J (1994): Beobachtungen und Interventionen bei Dementen und ihrem Bezugssystem aus systemischer Sicht. In: Hirsch RD et al. (Hg): Psychotherapie bei Dementen. Darmstadt (Steinkoff), 107 – 122.

Johannsen J (1999): Systemische Therapie mit Älteren – quo vadis ? In: Heuft G et al.: Alterspsychotherapie – Quo vadis ? Opladen (Westdeutscher Verlag).

Kröger F et al. (2000): Familie, System und Gesundheit. Heidelberg (Carl-Auer-Systeme).

McGoldrick M, Gerson R (1990): Genogramme in der Familienberatung. Bern (Huber).

Penn P (1982): Zirkuläres Fragen. Familiendynamik 8: 198–220.

Simon FB et al. (1984): Die Sprache der Familientherapie. Ein Vokabular. Stuttgart (Klett-Cotta).

Simon FB, Weber G (1987): Vom Navigieren beim Driften. Familiendynamik 12: 355–362.

Sperling E et al. (1982): Die Mehrgenerationen-Familientherapie. Göttingen (Vandenhoek & Ruprecht).

Weber G et al. (1989): In Liebe entzweit. Reinbek (Rowohlt).

Weiss Th (1988): Familientherapie ohne Familie. München (Kösel).

Wirsching M et al. (1997): Leitlinien Paar- und Familientherapie. Version 1.0, 11/97. Im Auftrag der Konferenz der leitenden Fachvertreter für psychosomatische Medizin und Psychotherapie an den Universitäten der Bundesrepublik Deutschland. Freiburg.

Das tagesklinische Vorgespräch – unnötige Hemmschwelle oder diagnostisches und therapeutisches Instrument?

Jacques-Emanuel Schaefer, Heidi Schaal und Henning Wormstall

Zusammenfassung:

Tagesklinische Angebote haben sich in der gerontopsychiatrischen Versorgungslandschaft in Deutschland mittlerweile fest etabliert. In der Tübinger Tagesklinik steht die Behandlung älterer Patienten mit affektiven und dementiellen Erkrankungen im Vordergrund. Vor der Aufnahme eines Patienten wird zur Vermeidung von Fehlbelegungen beziehungsweise unnötiger Patientenbelastung ein Vorgespräch durchgeführt. Der idealtypische Ablauf dieses Gesprächs wird im folgenden Beitrag dargestellt und durch zwei Fallbeispiele ergänzt.

Um die Frage zu beantworten, ob die Vorgespräche tatsächlich die erwartete Funktion erfüllen, wurden die Daten aller im Jahr 2001 geführten Vorgespräche retrospektiv für die Gruppe der aufgenommenen beziehungsweise nicht aufgenommenen Patienten evaluiert. Als ein wesentlicher Unterschied fanden sich im Gruppenvergleich deutlich mehr Patienten mit Demenzerkrankungen in der Nicht-Behandlungsgruppe als in der Behandlungsgruppe (54% versus 34%). Die Krankheitsdiagnose beziehungsweise der Schweregrad einer psychiatrischen Symptomatik sind also ein wesentlicher Grund für die Nichtaufnahme in die Tagesklinik. Das Vorgespräch erweist sich als wertvolles Instrument zur Patientenauswahl, wodurch die Gefahr von Überforderung und Frustration älterer Patienten verringert wird. Dies zeigt auch deutlich die niedrige Abbrecherquote von 6,5 Prozent nach einer Behandlungswoche.

Schlüsselwörter: Tagesklinische Versorgungsstrukturen, Ablauf eines Vorgespräches, Fallbeispiele, Retrospektive Datenauswertung, Filterfunktion des Vorgespräches

Abstract: The Preliminary Interview at the Day Clinic – Superfluous Inhibitory Threshold or Important Therapeutic Instrument in the Diagnostic Process?

Day clinics have meanwhile become a firmly established feature of the psychogeriatric care sector in Germany. At the Tübingen day clinic, the focus is on the therapy of elderly patients suffering from affective disorders or dementia. Prior to admission, a preliminary interview is conducted with the patient to rule out inappropriate admissions and to ensure that the patient is not subjected to unnecessary stress. The ideal course of this interview is outlined in the following paper and exemplified with two cases.

To clarify whether the preliminary interview does in fact meet these requirements, the data of all preliminary interviews held in 2001 were analyzed retrospectively for the group of admitted and non-admitted patients respectively. A major difference revealed by the intergroup comparison was the presence of notably more patients with dementia in the non-treatment group than in the treatment group (54% versus 34%). The diagnosis or the severity of psychiatric symptoms thus constitutes a primary reason for non-admission to the day clinic. The preliminary interview proves to be a valuable instrument for patient selection, reducing the risk of excessive stress and frustration on the part of elderly patients. This is clearly reflected in the low drop-out rate of 6.5 percent after one week of therapy.

Keywords: Day clinics as psychiatric care centers, Course of a preliminary interview, Case examples, Retrospective data analysis, Filtering function of the preliminary interview

Einleitung

Die erste deutsche gerontopsychiatrische Tagesklinik wurde im Jahr 1976 eröffnet (Lauter et al. 1977). Nach einer anfänglichen eher langsamen Verbreitung der tagesklinischen Idee erfolgte in den Neunzigerjahren ein sprunghafter Anstieg von Neugründungen. Die Anzahl der deutschen Tageskliniken verdreifachte sich nahezu in einem Jahrzehnt (Wolter-Henseler 1999). 2002 waren bereits 43 rein gerontopsychiatrische und zusätzlich 16 gemischte und integrierte Tageskliniken in Betrieb (Wolter-Henseler 2002).

Mit dem Angebot einer teilstationären Behandlung für Patienten, die noch nicht vollstationär aufgenommen werden müssen, im ambulanten Setting jedoch nicht mehr ausreichend betreut sind, haben die Tageskliniken diese Lücke in der gerontopsychiatrischen Versorgungskette geschlossen (Leidinger 1993, Reker 1999).

Vor dem Hintergrund einer fünfundzwanzigjährigen Erfahrung mit einer Tagesklinik für jüngere psychisch Kranke (Wormstall u. Poremba 1991) wurde an der Universitätsklinik für Psychiatrie und Psychotherapie Tübingen im Jahr 1995 eine gerontopsychiatrische Tagesklinik mit zwanzig Behandlungsplätzen eingerichtet, in der Patienten mit unterschiedlichen psychiatrischen Krankheitsbildern behandelt werden können (Morawetz u. Wormstall 1996). Vergleichbar mit der Mehrzahl der anderen teilstationären Einrichtungen (Wächtler 1995) stehen dabei affektive Erkrankungen und kognitive Störungen an erster Stelle des Diagnosespektrums.

Die Behandlung erfolgt durch ein interdisziplinäres Team, das sich zusammensetzt aus Ärzten, einer Psychologin, einer Sozialpädagogin, Krankenpflegekräften, Ergotherapeuten und einer Krankengymnastin. Der Programmablauf entspricht dem einer offen geführten Psychotherapiestation mit wöchentlicher Oberarztvisite, Einzelgesprächen, pflegerischen Maßnahmen, gruppentherapeutischen Angeboten und wöchentlichen Außenaktivitäten. Ergänzt wird das Programm durch spezielle Therapieeinheiten, wie Depressions-, Biographie-, Foto- oder Tanzgruppen (Wormstall 2000). Große Bedeutung wird der Zusammenarbeit mit Bezugspersonen der Angehörigengruppe sowie weiteren sozialmedizinischen Aktivitäten beigemessen (Plessen et al. 1985).

Vor einer Aufnahme in die gerontopsychiatrische Tagesklinik Tübingen findet ein Vorgespräch von maximal einer Stunde Dauer statt. In diesem überprüft der Arzt die Behandlungsindikation nach den Ein- und Ausschlusskriterien. Notwendige Informationen werden vermittelt und eventuelle unrealistische Erwartungen oder Vorstellungen (»Ich dachte, das wäre so etwas wie eine Kur«) thematisiert. Der Patient erhält die Möglichkeit seine persönliche Leidensgeschichte mit den aktuellen Beschwerden zu schildern und sich mit der Struktur der Institution vertraut zu machen.

Die Überweisung der Patienten erfolgt aus dem stationären und ambulanten Bereich. Allgemeinärzte, niedergelassene Psychiater und Nervenärzte der Region sowie die psychiatrische Klinik stehen hierbei an erster Stelle. Eine exakte untere Aufnahmealtersgrenze ist nicht definiert, jedoch kommen Patienten unter sechzig Jahren eher selten zur Anmeldung (Abb. 1).

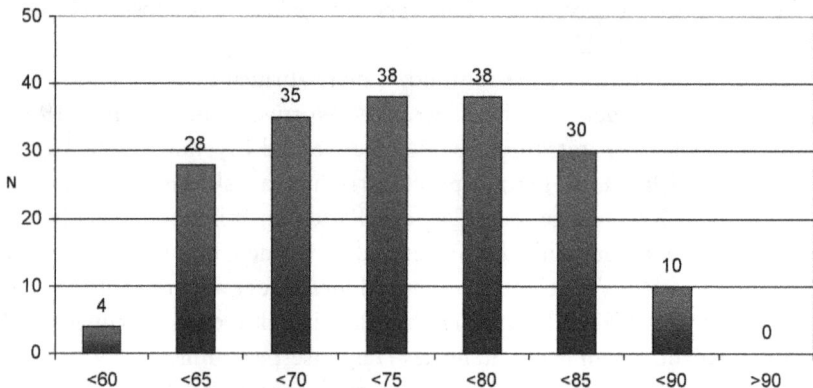

Abb. 1: Altersverteilung der Patienten (N=183) in der gerontopsychiatrischen Tagesklinik im Jahr 2001

Werden Patienten der Tagesklinik überregional zugewiesen, gilt es im Rahmen des Vorgespräches zu prüfen, ob tägliche Transfers mit langen Fahrtzeiten vom Betroffenen toleriert beziehungsweise ihm zugemutet werden können.

Die Mehrzahl der angemeldeten Personen kommt in Begleitung einer Bezugsperson in die Klinik. Deren Teilnahme ist in der Regel von den Patienten erwünscht und zur Ergänzung der Anamnese zugleich sinnvoll. Das Gespräch wird vom Stationsarzt oder der Psychologin mit Unterstützung einer Pflegekraft geführt.

Nach der Begrüßung werden zunächst relevante anamnestische Daten zur Person, zum familiären Umfeld und zu dem bereits bestehenden Versorgungsnetz erfragt.

Die offen gestellte Frage nach aktuellen Beschwerden des Patienten dient einerseits der Erhebung der Krankheitsanamnese, andererseits gibt sie dem Betroffenen die Möglichkeit zur Schilderung seiner persönlichen Leidensgeschichte. Durch die empathische Haltung des Arztes wird hier bereits der Aufbau einer tragenden Patienten-Therapeuten-Beziehung initiiert.

Im strukturierten Interviewteil wird die psychiatrische Anamnese ergänzt. Dabei sind Kriterien, die eine tagesklinische Behandlung ausschließen, wie akute Selbst- oder Fremdgefährdung, eine fortgeschrittene Abhängigkeits-symptomatik oder Weglauftendenzen zu berücksichtigen. Kognitive Einbußen, welche die Teilnahme an intensiven Gruppentherapien erschweren oder die einen intensiven Betreuungsbedarf nach sich ziehen, sind genau zu eruieren. Schwerwiegende körperliche Erkrankungen sind zwar kein generelles Ausschlusskriterium, sollten aber unter dem Aspekt der Funktionsein-schränkungen – disability nach ICDIH (Badley 1993) – erfasst werden.

Da die Entscheidung für eine Aufnahme von medizinischen Fakten abhängt, sieht sich der Therapeut während des Vorgespräches mit der Schwierigkeit konfrontiert, in knapp bemessener Zeit zahlreiche Daten zu erfragen und gleichzeitig die Voraussetzung dafür zu schaffen, dass sich der Patient auf die tagesklinische psychiatrisch-psychotherapeutische Behandlung einlassen kann.

Beispiele für das Vorgehen im Erstgespräch

Das erste Beispiel schildert eine Patientin, die nicht mehr in der Lage ist, notwendige Alltagsaktivitäten zu bewältigen. Eine Aufnahme in die Tages-klinik ist deshalb nicht möglich.

Die 1928 geborene Frau K. wird von Ihrem Hausarzt im September 2001 zum Vorgespräch in die Tagesklinik angemeldet. Sie wird von ihrer Toch-ter begleitet, die im wesentlichen die Gesprächsführung übernimmt. Diese berichtet, dass es der Mutter seit dem Frühjahr 2001 nicht mehr möglich sei, sich selbstständig und ohne Hilfe zu versorgen. Die Mutter lebe mit dem ledigen Bruder zusammen in einer Wohnung und habe bisher den gemein-samen Haushalt geführt. Der Bruder komme immer erst am Abend von der Arbeit nach Hause. Problematisch seien darüber hinaus die häufigen Stür-ze. Aufgrund mehrerer Schlaganfälle sei die Mutter in den vergangenen drei Jahren wiederholt in der medizinischen beziehungsweise neurologischen Klinik untersucht und behandelt worden. In der Tagespflege-Einrichtung, die die Mutter erstmals ab Oktober 2000 besuchte, habe sie nicht länger bleiben wollen und Weglauftendenzen gezeigt.

Fr. K. ist zu Zeit, Ort und Situation nicht orientiert, sie scheint mit der Gesprächssituation sichtlich überfordert. Beim Gehen ist sie unsicher und benützt einen Stock. Ihre Medikation besteht aus einer Kombination von

ACE-Hemmer, Betablocker, Calciumantagonist und Diuretikum, zwei Antidiabetika und einem Cholesterinsenker.
Diagnostisch liegt bei Fr. K. ein mittelgradiges demenzielles Syndrom vaskulärer Genese vor sowie ein Diabetes mellitus und ein arterieller Hypertonus. Im geriatrischen Assessment zeigen sich deutliche Einschränkungen bei der Bewältigung von Alltagsaktivitäten (Lawton u. Brody 1969; Mahoney u. Barthel 1965).

Bezüglich der Erwartungen an eine tagesklinische Behandlung wird vor allem der Wunsch der Angehörigen nach Versorgung und Unterhaltung der Mutter formuliert. Mit der Tochter wird nach ausführlicher Überlegung besprochen, dass die tagesklinische Behandlung mit dem differenzierten Programm angesichts der ausgeprägten kognitiven und funktionellen Einschränkungen eine deutliche Überforderung für die Mutter darstelle und damit ihren Beschwerden nicht gerecht werden würde. Für die morgendliche Grundpflege wird eine Sozialstation und für die tägliche Betreuung eine andere Tagespflegeeinrichtung empfohlen. Zusätzlich wurde vorgeschlagen, die Mutter zeitgleich in verschiedenen Heimen anzumelden. Der Antrag auf Einstufung in die Pflegeversicherung war auf Empfehlung des Hausarztes bereits gestellt worden.

Eine klare Indikation für die tagesklinische Behandlung lag hingegen bei einem depressiven Patienten vor.

Herr S. wird von der Medizinischen Universitätsklinik, in die er zehn Tage zuvor aufgrund einer Synkope unklarer Genese eingeliefert wurde, zum Vorgespräch angemeldet. Eindeutige organische Ursachen konnten ausgeschlossen werden, lediglich in der Computertomographie des Schädels fanden sich Zeichen einer Mikroangiopathie. Bei Verdacht auf eine depressive Symptomatik wurde eine Medikamenteneinnahme in (para-)suizidaler Absicht als mögliche Ursache der Synkope erwogen.

Zum Vorgespräch kommt Herr S. ohne Begleitung. Er ist anfänglich etwas verunsichert und fragt, ›was er hier soll?‹, berichtet dann aber freimütig über seine Person. Er sei 64 Jahre und lebe alleine in einer kleinen Mietwohnung. Seit drei Jahrzehnten sei er geschieden. Seine wesentlichen Bezugspersonen seien der dreißigjährige Sohn, der kurz vor dem Studienabschluss stehe und die hochbetagte Mutter, die er bei den Alltagserledigungen regelmäßig unterstütze. Seit knapp acht Jahren sei er frühberentet. Bis dahin habe er in seinem erlernten Beruf als Maurer gearbeitet.

Zum aktuellen Beschwerdebild äußert er sich nicht spontan und bleibt auf Nachfrage vage. Bei der gezielten Exploration von psychiatrischen Symptomen gibt er an, unter morgendlichem Grübeln, ausgeprägten Ein- und Durchschlafstörungen sowie rezidivierendem Schwindel zu leiden. In den vergangenen Wochen habe er deutlich an Körpergewicht verloren. Von akuter Suizidalität distanziert er sich glaubhaft und verneint Suizidhandlungen. Seinen Zusammenbruch kann er sich nicht erklären.

Während der Zeit seiner Berufstätigkeit litt er immer wieder an Erschöpfungszuständen und war mehrmals in Kuren. Kurz nach der Berentung suchte er einmalig einen niedergelassenen Psychiater auf. Vom Hausarzt bekommt er regelmäßig zwei Blutdruckmittel sowie ein harnsäuresenkendes Medikament verordnet. Die Einnahme von Psychopharmaka verneint Herr S. zunächst, räumt dann jedoch ein, vom früheren Hausarzt jahrzehntelang wegen Unwohlsein, Angstzuständen sowie Schlafstörungen Bromazepam (Lexotanil®) verschrieben bekommen zu haben. Hr. S. ist außerdem seit vielen Jahren abhängig von Nikotin. Ein Alkoholmissbrauch kann zumindest nicht ausgeschlossen werden.

Die psychiatrischen Verdachtsdiagnosen einer rezidivierenden depressiven Störung (gegenwärtig mittelgradige depressive Episode) und eines Schlafmittelmissbrauchs werden gestellt, als somatische Diagnose steht der arterielle Hypertonus im Vordergrund. Die Bildgebung und die vaskulären Riskofaktoren unterstützen die klinische Verdachtsdiagnose einer leichten kognitiven Störung.

Hr. S. wird über das Behandlungskonzept der Tagesklinik informiert. Da die depressive Symptomatik im Vordergrund steht, es keinen Anhalt für akute Suizidalität gibt und nur eine leichte kognitive Beeinträchtigung vorliegt, wird die baldige teilstationäre Aufnahme empfohlen. Nach einer Bedenkphase stimmt Herr S. der tagesklinischen Behandlung zu.

Untersuchungsdaten der Vorgespräche im Jahr 2001

Zur Gewinnung eines Bildes, das über die Einzelfallbeschreibung der Aufnahmekriterien hinausgeht, wurde anhand der Dokumentationsbögen aller im Jahr 2001 geführten Vorgespräche eine retrospektive Datenerhebung durchgeführt. Dazu wurden die schriftlichen Aufzeichnungen der semistrukturierten Interviews evaluiert (Tbl. 1). Auf interferenzstatistische Berechnungen wurde im Hinblick auf den im Vordergrund stehenden beschreibenden Ansatz der Untersuchung verzichtet.

Name:	
Geburtstag:	
Anschrift:	
nächste Bezugsperson:	
Hausarzt und/oder Nervenarzt:	
Aktuelle Situation:	
Psychiatrische Vorgeschichte:	
Erwartungen an die Therapie:	
Medikamente:	
Diät:	
Allgemeiner Zustand:	
Mobilität:	
Pflegerische Besonderheiten (ATL):	
Aufnahme ja/nein:	
Aufnahmetag:	

Tab. 1: Tübinger Vorgesprächsfragebogen

Insgesamt wurden 243 Vorgespräche im Jahr 2001 durchgeführt und 183 Patienten (75,4%) tagesklinisch behandelt. Bei knapp einem Viertel der Interessenten (24,6%) kam es hingegen zu keiner Aufnahme. In 50 Prozent der Fälle waren medizinisch-psychiatrische Einwände ausschlaggebend, bei der anderen Hälfte sagten Vorgesprächsteilnehmer und/oder deren Angehörige aus unterschiedlichsten Gründen ab.

Im Vergleich der demographischen Merkmale (Tab. 2) der Behandlungsgruppe mit der Nicht-Behandlungsgruppe fanden sich weder für das allgemeine Durchschnittsalter, die Altersspanne, das Durchschnittsalter der Frau-
en und Männer, noch für die Altersverteilung relevante Unterschiede. Lediglich bei der Geschlechtsverteilung lag der Anteil an Männern in der Nicht-
Behandlungsgruppe im Vergleich zur Behandlungsgruppe etwas höher.

Gesamt (N = 243)	Behandlungsgruppe (N = 183 ≅ 75,4 %)	Nicht-Behandlungsgruppe (N = 60 ≅ 24,6%)
Männer	27 %	38 %
Frauen	73 %	62 %
Durchschnittsalter gesamt	72,7 Jahre (49 – 89 Jahre)	70,3 Jahre (48 – 93 Jahre)
Durchschnittsalte Männer	69,86 Jahre (57 – 86 Jahre)	70,3 Jahre (48 – 93 Jahre)
Durchschnittsalter Frauen	73,75 Jahre (49 – 89 Jahre)	74,9 Jahre (53 – 87 Jahre)

Tab. 2: Demographische Daten

In den Abbildungen 2 und 3 sind die Diagnosen beider Gruppen dargestellt.
Bei Patienten der Behandlungsgruppe lagen nahezu doppelt so häufig affektive Störungen vor wie in der Nicht-Behandlungsgruppe, während Demen-
zen in letzterer häufiger waren.

Somatische Begleiterkrankungen waren bei 63 Prozent der nicht aufgenommenen Personen vorhanden. Nur in 6,4 Prozent der Fälle führten diese
allein zur Absage, in knapp zehn Prozent war die Pflegebedürftigkeit in
Verbindung mit einer somatischen Erkrankung ausschlaggebend und in 6,4
Prozent die eindeutig im Vordergrund stehende Pflegebedürftigkeit des
Patienten. In 45 Prozent der Fälle begründete der Schweregrad der psychiatrischen Symptomatik eine Nichtaufnahme. Dabei handelte es sich mehr-
heitlich um Personen mit fortgeschrittenen demenziellen Störungen. Dementsprechend wurden den Patienten und ihren Angehörigen alternative Behand-
lungs- beziehungsweise Versorgungsoptionen, wie eine vollstationäre psychiatrische Behandlung (22,6%), eine Tagespflege (13%) oder ein Pflegeheim
(6,4%) empfohlen.

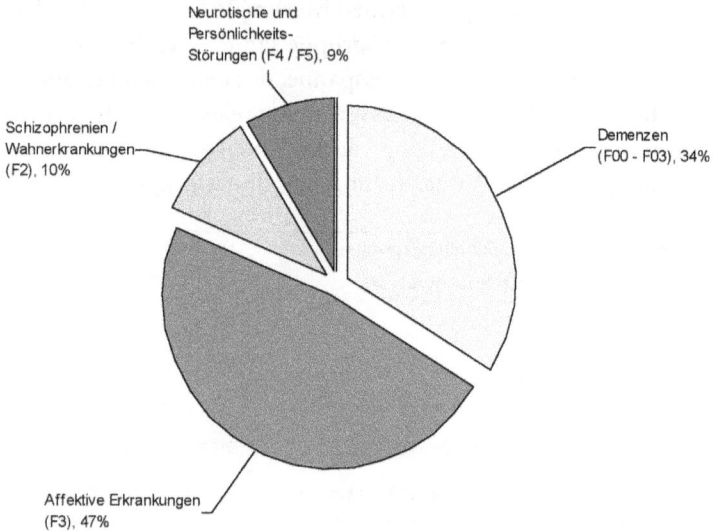

*Abb. 2: Diagnosespektrum der Patienten (N=183) im Jahr 2001
in der gerontopsychiatrischen Tagesklinik*

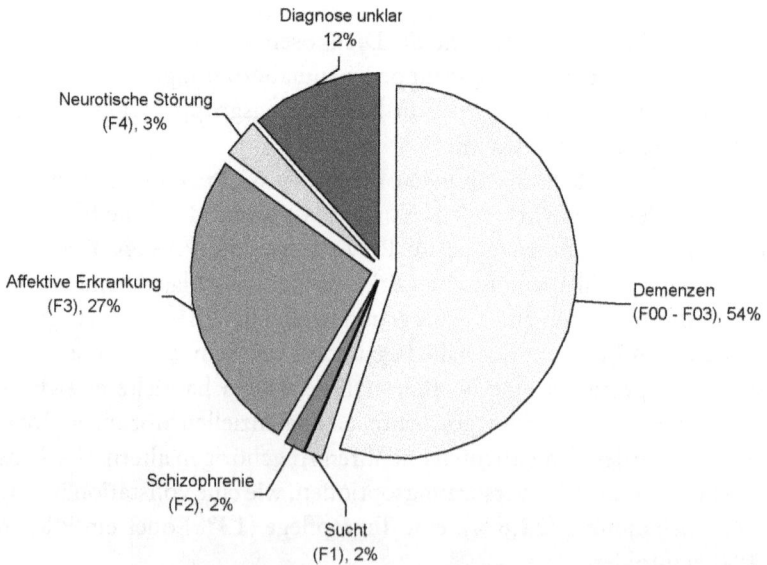

*Abb. 3: Diagnosen der Patienten (N=60), die im Jahr 2001
nach einem Vorgespräch nicht aufgenommen wurden*

Fazit

Die stetig wachsende Zahl von Tageskliniken weist auf die zunehmende Bedeutung dieser Behandlungsform für die Gerontopsychiatrie hin. Den Vorteilen, wie tägliche Aktivierungen, Tages- und Wochenstrukturierung und die zeitnahe Bearbeitung von aktuellem biographischen Material ohne Aufgabe des gewohnten häuslichen Umfeldes, stehen als Nachteile zum Beispiel die Überforderung von kognitiv beeinträchtigten Patienten durch den häufigen Milieuwechsel entgegen.

Aufgrund des komplexen Therapieprogrammes der Tagesklinik und den für ältere Personen eher unübersichtlichen Versorgungsstrukturen, wurde seit der Gründung der Tübinger Einrichtung regelmäßig ein Vorgespräch durchgeführt. In diesem erhalten Interessenten und Angehörige über die Darstellung des Behandlungskonzeptes eine adäquate Vorstellung der therapeutischen Möglichkeiten und Grenzen. Unrealistische Erwartungen an die Behandlung oder eine Verwechslung der Tagesklinik mit einer Tagespflege können direkt besprochen werden.

Durch die Klärung schwerwiegender körperlicher Komorbiditäten oder psychiatrischer Ausschlusskriterien wird die Gefahr einer Fehlbelegung verringert. Personen, die durch das differenzierte Behandlungsangebot der Klinik überfordert würden oder die selbst keine Behandlung (»geschickte Patienten«) wünschen beziehungsweise deren Vorstellungen die Tagesklinik nicht entspricht, können beraten werden und gegebenenfalls alternative Behandlungsangebote erhalten.

Vergleichbar mit dem Ablauf eines Vorgespräches in anderen psychotherapeutisch arbeitenden Einrichtungen, kann sich der Therapeut der Tagesklinik einen Eindruck von der Therapiemotivation sowie dem Reflexionsvermögen des Patienten machen. Das intensive Gesprächsangebot sowie die empathische Haltung unterstützen den Aufbau einer tragenden therapeutischen Beziehung.

Andererseits ist jedoch zu berücksichtigen, dass mit dem Vorgespräch ein komplizierterer Überweisungsweg und ein relativ hoher personeller Zeitaufwand verbunden sind. Darüber hinaus kann ein Teil der Patienten das Vorgespräch als prüfungsähnliche Situation erleben, aus der eine erhöhte Hemmschwelle resultiert.

Als Fazit bleibt aber festzuhalten, dass die Vorteile des Vorgespräches insgesamt überwiegen, was unter anderem die niedrige Abbrecherrate am Ende der ersten Behandlungswoche unterstreicht.

Literatur

Badley EM (1993): An introduction to the concept and classifications of the international classification of impairments, disabilities and handicaps. Disability and Rehabilitation 4:161–178.

Bramesfeld A, Adler G, Brassen S, Schnitzler M, Cullik F (2000): Ergebnisqualität teilstationärer gerontopsychiatrischer Behandlung: Veränderung der Lebenszufriedenheit. Psychiat Prax 27:165–169.

Lauter H, Lorenzen H, Wächtler C (1977): Erste Erfahrungen mit einer gerontopsychiatrischen Tagesklinik. Ärztl Prax 79:3257–3258.

Lawton MP, Brody EM (1969): Assessment of older people: self-maintaining and instrumental activities of daily living. Gerontologist 9:179–186.

Leidinger F (1993): Mehr Gemeindenähe für ältere psychisch Kranke. Dt Ärzteblatt 90:B-140–141.

Mahoney FI, Barthel DW (1965): Functional evaluation. The Barthel Index. Md State Med J 14/2:61–65.

Morawetz C, Wormstall H (1996): Senioren-Tagesklinik Wielandshöhe. Die Kerbe 2:16–18.

Plessen U, Postzich M, Wilkmann M (1985): Zur Bedeutung expertengeleiteter Angehörigengruppen in der Psychiatrie. Psychiat Prax 12:43–47.

Reker T (1999): Die Tagesklinik in der psychiatrischen Versorgung. In: Eikelmann B, Reker T, Albers M (Hg.) (1999): Die psychiatrische Tagesklinik. Stuttgart (Thieme), 27–34.

Wächtler C (1995): Die gerontopsychiatrische Tagesklinik: Bindeglied zwischen ambulanter und stationärer Versorgung. In: Hirsch RD, Kortus R, Loos H, Wächtler C (Hg.) (1995): Gerontopsychiatrie im Wandel. Melsungen (Bibliomed), 131–141.

Wolter-Henseler D (1999): Gerontopsychiatrische Tageskliniken. In: Eikelmann B, Reker T, Albers M (Hg.) (1999): Die psychiatrische Tagesklinik. Stuttgart (Thieme), 121–134.

Wolter-Henseler D (2002): Manuskript gerontopsychiatrische Tageskliniken. Persönliche Mitteilung.

Wormstall H, Poremba M (1991): Die Tübinger Tagesklinik – ein Bindeglied zwischen vollstationärer und ambulanter psychiatrischer Versorgung. Z Allg Med 67:2193–2198.

Wormstall H (1995): Der Beziehungsaspekt als Grundlage für nichtmedikamentöse gerontopsychiatrische Therapieverfahren. Z Allg Med 71:1428–1436.

Wormstall H (2000): Gerontopsychiatrische Versorgung in Klinik und Tagesklinik. In: Nikolaus T (Hg.) (2000): Klinische Geriatrie. Berlin, Heidelberg, New York (Springer), 125–130.

Wormstall H, Morawetz C, Adler G, Schmidt W, Günthner A (2001): Behandlungsverläufe und therapeutische Effektivität in einer gerontopsychiatrischen Tagesklinik. Fortschr Neurol Psychiat 69:78–85.

Gerontopsychiatrisches Zentrum der Rheinischen Kliniken Bonn

Rolf D. Hirsch und Andrea Bock

Einleitung

Von der Abteilung für Gerontopsychiatrie wurde das Gerontopsychiatrische Zentrum mit einer Tagesklinik und einer Institutsambulanz, ergänzt durch eine Altenberatung, als eines der ersten 1993 aufgebaut. Entsprechend der Definition der Expertenkommission 1988 spricht man von einem Gerontopsychiatrischen Zentrum, wenn die Kernbestandteile Tagesklinik, ambulanter Dienst und Altenberatung vorhanden sind. Ziel des Zentrum ist es, die Prävention, Behandlung, Rehabilitation und Pflege von psychisch kranken alten Menschen in einer Versorgungsregion zu fördern. Das Zentrum soll ein Bindeglied zwischen stationären und nichtstationären Einrichtungen sein und die Zusammenarbeit zwischen allen Einrichtungen und Dienstleistungsbetrieben, die für psychisch kranke alte Menschen vorhanden sind, optimieren und die Funktion eines »Stimulators« für die Verbesserung der gerontopsychiatrischen Versorgung einnehmen(vgl. Abb. 1).

Tagesklinik

Die tagesklinische Behandlung hat einen kurativen Ansatz, jedoch wird auch eine Stabilisierung des Behandlungserfolges durch Integration in das bestehende Lebensumfeld und die Verbesserung von Bewältigungsstrategien angestrebt (rehabilitativer Ansatz). Derzeit stehen 18 Behandlungsplätze bei einer durchschnittlichen Belegung von 90% zur Verfügung, ca. 120 Patienten werden jährlich behandelt. In der Tagesklinik arbeitet ein interdisziplinäres Team mit folgenden Berufsgruppen: Facharzt für Psychiatrie und Psychotherapie(1 Vollkraftstelle), Psychologe (0,5 VK), Bewegungstherapeut (0,25 VK), Ergotherapeut (0,75 VK), Kranken- und Altenpfleger (3,0 VK) und Sozialarbeiter (0,5 VK). Die Aufnahme in die tagesklinische Behandlung erfolgt nach einem Vorstellungsgespräch, an dem der Patient mit einer Bezugsperson in der Tagesklinik

Altenberatung	Ambulanz
• Beratung von Betroffenen • Beratung von Angehörigen und Bezugspersonen • Förderung von Selbsthilfegruppen • Vermittlung von regionalen Angeboten der Altenhilfe • Enge Kooperation mit regionalen Einrichtungen der Altenhilfe, Behörden u.a. • Informationsbörse für alle regionalen Alteneinrichtungen und älteren Bürger sowie deren Bezugspersonen	• Assessment/Vorschaltambulanz • Präventive, kurative und rehabilitative Behandlung • Memory Clinic • Psychotherapie-Sprechstunde • Häusliche Beratung • Beratung von Angehörigen • Konsiliardienst mit Fallkonferenzen in Heimen • Konsiliardienst in Kliniken • Beratung von niedergelassenen Ärzten • Beratung von ambulanten Kranken- u. Pflegediensten

GERONTOPSYCHIATRISCHES ZENTRUM

Tagesklinik	Weitere Aufgaben
• Assessment • Behandlung • Rehabilitative Trainingsmaßnahmen • Angehörigenarbeit • Koordination poststationärer Behandlung und Rehabilitation • Wiedereingliederung in das soziale Umfeld	• STIMULATOR zur regionalen Unterstützung von Gesundheitserziehung, Altenhilfe, Konzeptentwicklung, Vernetzung regionaler Angebote. • Öffentlichkeitsarbeit • Gerontologisches Forum • Berufsspezifische Aus-, Fort- und Weiterbildungsmaßnahmen

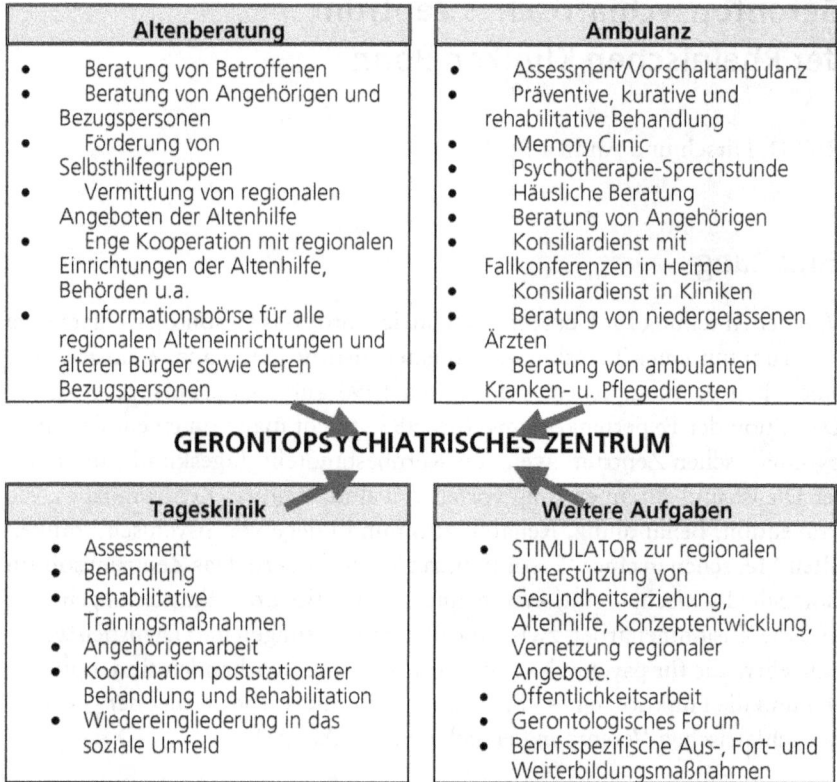

Abb. 1: Aufgaben des Gerontospsychiatrischen Zentrums Bonn

mit einem »Kleinteam« von Pflege, Arzt und Psychologen zusammenkommt. Nach der Aufnahme erfolgt ein mehrdimensionales Assessment, in das alle Berufsgruppen einbezogen sind. Um im multiprofessionellen Team eine individuelle Behandlungsplanung zu erstellen, reicht meist eine Woche aus. Im Rahmen eines differenzierten Wochenplans mit unterschiedlichen aktivierenden Angeboten erfolgt die Behandlung in der Regel zwischen 8.00 und 16.00 Uhr. Bereits zu Beginn der Behandlung steht das Ziel der Entlassung und Reintegration im häuslichen Umfeld im Mittelpunkt.

Ein monatlich stattfindender Kaffeenachmittag für »ehemalige Patienten« ist nach der Entlassung ein weiterer stabilisierender Faktor. Außerdem besteht die Möglichkeit für depressiv erkrankte Patienten, an einer 14-tägig stattfindenden ambulanten Gesprächsgruppe teilzunehmen, die durch den Psychologen und eine Pflegekraft geleitet wird.

Bei den Patienten der Tagesklinik stehen depressive Störungen (2002 mit 74%) weitaus im Vordergrund, psychotische Störungen (16%), Anpassungsstörungen (4%) und organische Störungen (4%) folgen.

Gerontopsychiatrische Institutsambulanz

Die Institutsambulanz hat eine Vielzahl von Angeboten und bietet eine echte multiprofessionelle Teamarbeit:

Betreuung von Altenheimen:
Insgesamt werden 20 Altenheime regelmäßig aufgesucht und zwar mindestens zweiwöchentlich, teilweise wöchentlich mit Teamarbeit und Fallbesprechungen neben der Visiten.

Einzelpsychotherapie und Gruppenpsychotherapie:
Das Angebot richtet sich vor allem an depressive Patienten. Zwei Gruppen werden halboffen von Therapeut und Cotherapeuten geleitet.

Angehörigengruppen:
Neben einer kontinuierlichen Abendgruppe wird eine weitere Angehörigengruppe am Nachmittag mit gleichzeitiger Betreuung der Betroffenen angeboten. Dieses Angebot macht möglich, dass auch allein pflegende Angehörige an der Gruppe teilnehmen können.

Öffentlichkeitsarbeit:
Es gelingt durch Vortragstätigkeit, Publikationen, Weiterbildungen und durch Teilnahme an Veranstaltungen die Öffentlichkeit für die Belange erkrankter älterer Mitbürger zu sensibilisieren.

Überleitungspflege:
Um den Übergang von Patienten aus der stationären Versorgung in den häuslichen Bereich zu ermöglichen, wird für diesen Übergang die Ambulanzpflegekraft eingesetzt, die dafür Sorge trägt, dass die Betreuungsstruktur zu Hause befriedigend umgesetzt wird.

Entspannungsgruppe:

Die Entspannungsgruppe mit Progressiver Muskelentspannung nach Jacobsen wird erfolgreich durchgeführt.

Konsile:

Getrennt von der allgemeinpsychiatrischen Tätigkeit erfolgt die gerontopsychiatrische Konsiliartätigkeit in Bonner Krankenhäusern.

Hausbesuche:

Eine Intensivierung der Hausbesuche erfolgte nach personeller Erweiterung des ärztlichen und pflegerischen Bereichs der Institutsambulanz.

Weiterbildung:

Neben Fort- und Weiterbildungsangeboten, den gerontologischen Foren (monatlich) und Vortragsveranstaltungen wird ein Schwerpunkt auf die Ausbildung von pflegenden Angehörigen gelegt.

Mitarbeiter der Ambulanz:

Fachärzte für Psychiatrie und Psychotherapie (3,75 VK), Psychologe (0,5 VK) Bewegungstherapie (0,25 VK), Schreibdienst (1,75 VK), Kranken- und Altenpflege (0,75 VK), Sozialarbeit (0,5 VK).

Patienten der Ambulanz:

Im Jahre 2002 wurden insgesamt 1.446 Patienten behandelt, im 4. Quartal 1152. Bei 64% stand eine Demenz im Vordergrund. Andere häufige Diagnosen waren Depressionen (15,5%), psychotische Störungen (12,9%) und Suchterkrankungen (3,4%).

Memory-Klinik (Gedächtnisambulanz):

Eine multiprofessionelle Frühdiagnostik von Demenzerkrankungen wird in der Memory-Klinik durchgeführt. Neben der neuropsychologischen Diagnostik steht das pflegerische Assessment, die psychiatrische Diagnostik und die Abklärung der sozialen Situation durch den Sozialdienst im Vordergrund.

Altenberatung:

Die Altenberatung im Gerontopsychiatrischen Zentrum stellt ein niederschwelliges Angebot für Informationssuchende dar und arbeitet eng mit den

Altenberatungsstellen der Stadt Bonn und des Rhein-Sieg-Kreises zusammen. Außerdem besteht ein guter Kontakt zu der Spezialberatungsstelle »Handeln statt Misshandeln – Bonner Initiative gegen Gewalt im Alter e.V.«.

Ausblick

Zukünftig ist die Vernetzung regionaler Angebote zu einem gerontopsychiatrischen Verbundsystem eine der wichtigsten Aufgaben des Gerontopsychiatrischen Zentrums. Die Einbeziehung der Angehörigen sowohl in der häuslichen Betreuung als auch zur Mitarbeit in der institutionellen Versorgung sowie die kontinuierliche Weiterentwicklung der institutionellen Versorgung demenzkranker Patienten ist dabei von großer Bedeutung.

Berichte und Besprechungen

Volker Haude und Peter Netz (2001): Erfahrungen mit therapeutischen Gruppen auf einer gerontopsychiatrischen Station.
Gruppenpsychotherapie und Gruppendynamik 37: 68–78.

Johannes Kipp

In dem übersichtlichen Artikel wird das Experiment einer 3x in der Woche
stattfindenden Gruppe aller Patienten einer gerontopsychiatrischen Station
beschrieben. Es handelt sich nach Setting und Methode eher um eine sozio-
denn eine psychotherapeutische Gruppenarbeit. Die Gruppe wirkte sich
durch einen sozialintegrativen Aspekt positiv auf die Stationsatmosphäre aus.
Suchtprobleme konnten von den Gruppenteilnehmern untereinander gut
durchgesprochen werden. Die intergenerationelle Interaktion zwischen 60-
jährigen und über 80-jährigen wird reflektiert. Insgesamt bringt die Arbeit
Anregung, wie Gruppen auf einer Gerontopsychiatrischen Station durchgeführt werden können, wobei in der Diskussion Bezüge zu anderen im deutschen Sprachraum durchgeführten Gruppen zu kurz kommen.

Leopold Rosenmayr und Franz Böhmer (Hg.) (2003): Hoffnung
Alter. Wien (WUV Universitätsverlag), 341 Seiten, 28,40 Euro.

Angelika Trilling

Die Provokation liegt im Titel, legen die aktuellen Diskussionen um Renten-
höhe und Gesundheitsversorgung doch eher nahe, sich angesichts unseres
kollektiven Älterwerdens zu sorgen, denn zu hoffen.

Nach den von ihm erfolgreich in die Gerontologie eingebrachten Formeln
von der »Intimität auf Abstand« und der »Späten Freiheit« sucht Leopold
Rosenmayr mit seinem Mitherausgeber Franz Böhmer im Titel des neuen
Sammelbandes erneut begriffsprägend zu wirken. Wahrhaft multidisziplinär

vereinigt das Werk in drei großen Abschnitten Beträge aus so ziemlich allen Fachgebieten, die zum Alter Wissenswertes mitzuteilen haben.

Unter der Überschrift »Natur« geht es um Biologie, Psychiatrie, Psychodynamik, Sozialmedizin, Geriatrie und Medizinethik. Solide und differenziert wird Einblick in den Stand der Wissenschaften gegeben. Fast jeder Autor mahnt neben weiterer Forschung auch verlässlichere Interventionen an.

Im Abschnitt »Neue Lebensphasen – neue Szenarien« erhalten die Gesellschaftswissenschaftler das Wort. Unter den Stichworten »demographische Veränderung«, »Berufsleben«, »Generationsbeziehungen«, »Weiterbildung« und »Freiwilligkeit« klopfen sie die ergrauende Gesellschaft auf ihre Zukunftsfähigkeit ab. Dabei wird durchgängig auf die Vielfalt der Ausprägungen individuellen Alterns verwiesen und damit – in Einlösung des Titels – auf die Möglichkeiten fördernder Umweltbedingungen und persönlicher Gestaltung.

Der dritte Abschnitt »Optionen und Gefahren« vereint so disparate Themen wie die Gesundheitsökonomie, die Gewalt und einen kritischen Kommentar zur Madrider UN-Weltversammlung über das Alter. Dazu noch ein mutiger Essay, der statt abgerundeter und wissenschaftlich abgesicherter Statements ein Mosaik der Widersprüche zusammenstellt. Leopold Rosenmayr schließt den Band mit einem praktisch-philosophischen Forderungskatalog an die Älteren selbst.

Der Komplexität gewisser Themenbereiche nähert man sich gerne in Form eines Sammelbandes. Mehr oder weniger aufeinander bezogen, lassen sich so Inhalte verhandeln, ohne den Anspruch auf Vollständigkeit oder Endgültigkeit der Aussagen zu stellen.

Sammelbände scheinen zudem geraten, will man ein eher zauderndes Publikum verlocken, sich mit einem Sachverhalt zu befassen, den es vielleicht so umfassend und ernsthaft gar nicht betrachten wollte.

Diesen Zweck erfüllt die vorliegende Veröffentlichung allemal. Die überwiegende Zahl der Autoren lebt und/oder arbeitet in Österreich. Das eröffnet die Chance, Themen, die auch in Deutschland schon ausgiebig behandelt worden zu sein scheinen, aus einem leicht veränderten Blickwinkel präsentiert zu bekommen.

Die Lektüre ermutigt, zwischen der Resignation angesichts der »Überalterung« und der naiven Freude über das »bunte Alter« einen dritten Weg zu gehen: Den der aktiven Einflussnahme – auf unser individuelles Altern wie auf die Rollen, welche die Gesellschaft für das Dritte Alter bereithält. Neben

Gesundheitsvorsorge und Versicherungsmathematik ist dies – so der Tenor des Buches – vor allem eine Frage der Kultur.

Schließlich stellt sich ja nicht die Frage, ob wir so alt werden wollen, sondern wo sich zwischen Biologie und Politik Gestaltungsräume auftun. Wenn die Alten dann auch längst noch nicht als Hoffnungsträger definiert sind, so könnte doch das Alter zu einem gesellschaftlich wie persönlich befriedigenden Prozess werden – und nicht nur zu »einer Zumutung«, wie Victor von Bülow (und nicht nur er) mitunter zu Protokoll geben.

STEPHEN A. MITCHELL
BINDUNG UND BEZIEHUNG
RELATIONALES DENKEN
IN DER PSYCHOANALYSE

BIBLIOTHEK
DER PSYCHOANALYSE
PSYCHOSOZIAL-
VERLAG

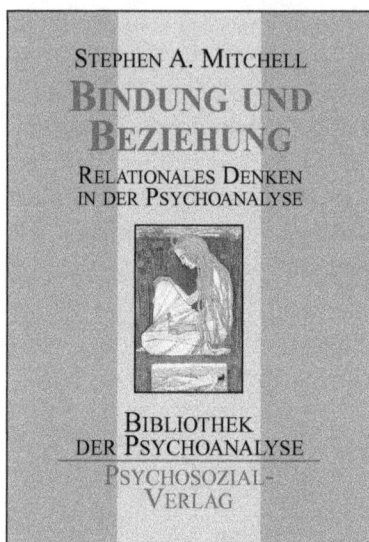

2003
239 Seiten · Broschur
EUR (D) 29,90 · SFr 50,50
ISBN 3-89806-258-9

Ausgehend von der Objektbeziehungstheorie Fairbairns, der Bindungs-theorie Bowlbys sowie den Arbeiten Loewalds und Sullivans bricht der in den USA gefeierte Psychoanalytiker Stephen Mitchell in eine neue Ära der psychoanalytischen Betrachtung intersubjektiver Beziehungen auf. Dabei gelingt ihm eine kritische Synthese der Verbindungselemente zwischen einzelnen relevanten Ansätzen innerhalb der Psychoanalyse sowie deren Weiterentwicklung mittels eigener theoretischer Überlegungen. In lebendiger und mitreißender Sprache lädt Mitchell seine Leser auf eine Reise durch das Labyrinth der intersubjektiven und objektbeziehungs-theoretischen Modelle der Psychoanalyse ein, die – untermalt von Vignet-ten aus der klinischen Praxis – vor brillianter Ideen sprüht. Durch Mitchell, so der britische Psychoanalytiker Peter Fonagy, wird die Beziehungs-perspektive der Psychoanalyse ›erwachsen‹.

P🔲V
Psychosozial-Verlag

Autorinnen und Autoren

Buck, Esther, *1970, Studium Münster und Marburg, seit 1998 Assistenz-
ärztin Klinik für Psychiatrie und Psychotherapie »Ludwig-Noll-Krankenhaus« Klinikum Kassel.

Hinze, Eike, *1940, ist Nervenarzt und Psychoanalytiker in freier Praxis. Am
Berliner Karl-Abraham-Institut ist er als Lehranalytiker tätig. Schwerpunk-
te seiner Arbeit und Veröffentlichungen sind Fragen der psychoanalytischen
Praxis, besonders bei älteren Patienten sowie Berührungspunkte der Psychoanalyse mit anderen Wissenschaften.

Hübner, Sigrid, *1967, Dr. phil., Diplom-Psychologin in fortgeschrittener
psychoanalytischer Weiterbildung. In der Abteilung Psychotherapie und
Psychosomatik des höheren Lebensalters der Rothaarklinik für psychosomatische Medizin in Bad Berleburg tätig.

Johannsen, Johannes, *1945, Dr. med. Diplom-Phys., Arzt für Psychiatrie
und Psychotherapie, Arzt für Neurologie, Klinische Geriatrie, Chefarzt der
Abteilung I Rheinische Kliniken Köln. Veröffentlichungen zur Psychotherapie im Alter, insbesondere Systemische Therapie/Familientherapie sowie zum
Qualitätsmanagement in der Gerontopsychiatrie und zum Erhalt der Lebens-
und Wohnsituation psychisch kranker alter Menschen.

Kemper, Johannes, *1943, ist Nervenarzt, Facharzt für Psychotherapeutische
Medizin, Verhaltenstherapeut und Psychoanalytiker. Er ist in eigener Praxis
tätig und befasst sich schwerpunktmäßig mit der Psychotherapie Alternder
sowie mit Sexualtherapie.

Kipp, Johannes, *1942, Dr. med., Arzt für Neurologie und Psychiatrie,
Psychotherapie, Psychoanalyse, Klinische Geriatrie, ist Direktor des Ludwig-
Noll-Krankenhauses, Klinik für Psychiatrie und Psychotherapie Klinikum
Kassel. Zu seinen wichtigsten Veröffentlichungen gehören (gemeinsam mit
Jüngling): »Einführung in die praktische Gerontopsychiatrie« und (gemein-
sam mit Unger u. Wehmeier): »Beziehung und Psychose«.

Manaf, Caroline, * 1964, Tanz- und Bewegungstherapeutin. In der Abteilung Psychotherapie und Psychosomatik des höheren Lebensalters der Rothaarklinik für psychosomatische Medizin in Bad Berleburg tätig.

Peters, Meinolf, *1952, Dr. phil., Diplom-Psychologe und Psychoanalytiker. Leiter der Abteilung Psychotherapie und Psychosomatik des höheren Lebensalters der Rothaarklinik für psychosomatische Medizin in Bad Berleburg.

Schaal, Heidi, *1953, Fachkrankenschwester in der gerontopsychiatrischen Tagesklinik am Uni-Klinikum Tübingen mit Zusatzqualifikation zur Pflegedienstleitung und zur Fachwirtin für Organisation und Führung.

Schaefer, Jacques-Emanuel, *1969, Wissenschaftlicher Assistent an der Klinik für Psychiatrie u. Psychotherapie am Uni-Klinikum Tübingen, in der Geriatrie und in der Neurologischen Klinik tätig.

Trilling, Angelika, * 1948; Leiterin des Referats für Altenarbeit im Sozialamt der Stadt Kassel; Publikationen im Bereich der Biographiearbeit, Altenhilfeplanung, Beratung.

Wachs, Sabine, *1953, Krankenschwester, seit 1989 in der Klinik für Psychiatrie und Psychotherapie »Ludwig-Noll-Krankenhaus« Klinikum Kassel tätig. Mit sozial-psychiatrischer Zusatzausbildung ist sie in der Stationsleitung tätig.

Wormstall, Henning, *1952, Privat-Dozent Dr. med., Nervenarzt, Klinischer Oberarzt und kommissarischer Leiter der Geschäftsstelle des Geriatrischen Zentrums am Universitätsklinikum Tübingen. Zahlreiche wissenschaftliche Publikation, schwerpunktmäßig zu geriatrischen und gerontopsychiatrischen Themen.

Beirat:

Abonnieren Sie jetzt ...

... die Zeitschrift
Psychotherapie im Alter

Ältere Menschen werden nur dann verlässlich Zugang zu Psychotherapien finden, wenn Informationen über deren Arbeitsweisen und Heilungs-möglichkeiten Verbreitung finden. Ein kontinuierlicher interdisziplinärer Dialog bietet die Voraussetzungen zur Bündelung der Kräfte, die Versorgungsmängel nicht nur zu benennen, sondern auch für Abhilfe zu sorgen.

Die Zeitschrift PiA will diesen Dialog fördern und zur Fortentwicklung der Psychotherapie im Alter beitragen. Angesiedelt an den Schnittstellen von Praxis und Wissenschaft bietet PiA ein Forum für die Erkenntnisse und Erfahrungen aus unterschiedlichen Arbeitsfeldern, Schulen und Professionen. PiA will auf diese Weise mitwirken an der Herausbildung eines differenzierten und gleichwohl profilierten Verständnisses der Alterspsychotherapie.

Die Zeitschrift PiA erscheint vierteljährlich als Themenheft. Auf einen Über-sichtsartikel folgen jeweils fallorientierte Darstellungen, die die Schwerpunktthematik aus unterschiedlicher Sicht erörtern. Anwendungs-bezogene empirische Arbeiten, Buch- und Zeitschriftenbesprechungen, Mitteilungen von Fachverbänden sollen dem Bedarf nach Information ergänzend Rechnung tragen. Mit einer Rubrik "Leserbriefe" laden wie zur Diskussion ein.

Psychosozial-Verlag
Goethestr. 29
35390 Gießen
Telefon: 06 41/ 7 78 19
Fax: 06 41/ 7 77 42
info@psychosozial-verlag.de
www.psychosozial-verlag.de

Bestellcoupon

☐ Hiermit bestelle ich

— Exemplar(e) der Zeitschrift
Psychotherapie im Alter
ISSN 1613-2637 · Euro 14,90 · SFr 25,90 (zzgl. Versand)

— Exemplar(e) Ihres aktuellen Verlagskatalogs

☐ Hiermit abonniere ich

die Zeitschrift *Psychotherapie im Alter* im Jahresabonnement
zum Abo-Preis von nur Euro 49,90 · SFr 83,30 (zzgl. Versand)
(4 Hefte). Studierende erhalten gegen Nachweis 25 % Rabatt.

Unterschrift

Name/Vorname

Straße

PLZ/Ort

Hiermit erteile ich Ihnen eine Abbuchungserlaubnis

Konto-Nr.:

Bank:

BLZ:

Unterschrift:

P◼V

Psychosozial-Verlag
Goethestr. 29

35390 Gießen

www.ingramcontent.com/pod-product-compliance
Lightning Source LLC
Chambersburg PA
CBHW020614270326
41927CB00005B/330